NIVEAUSTUFE

한국인을 위한 독일어

Der blaue Planet

BAND I

양도원 교수 지음

아바벨출판사

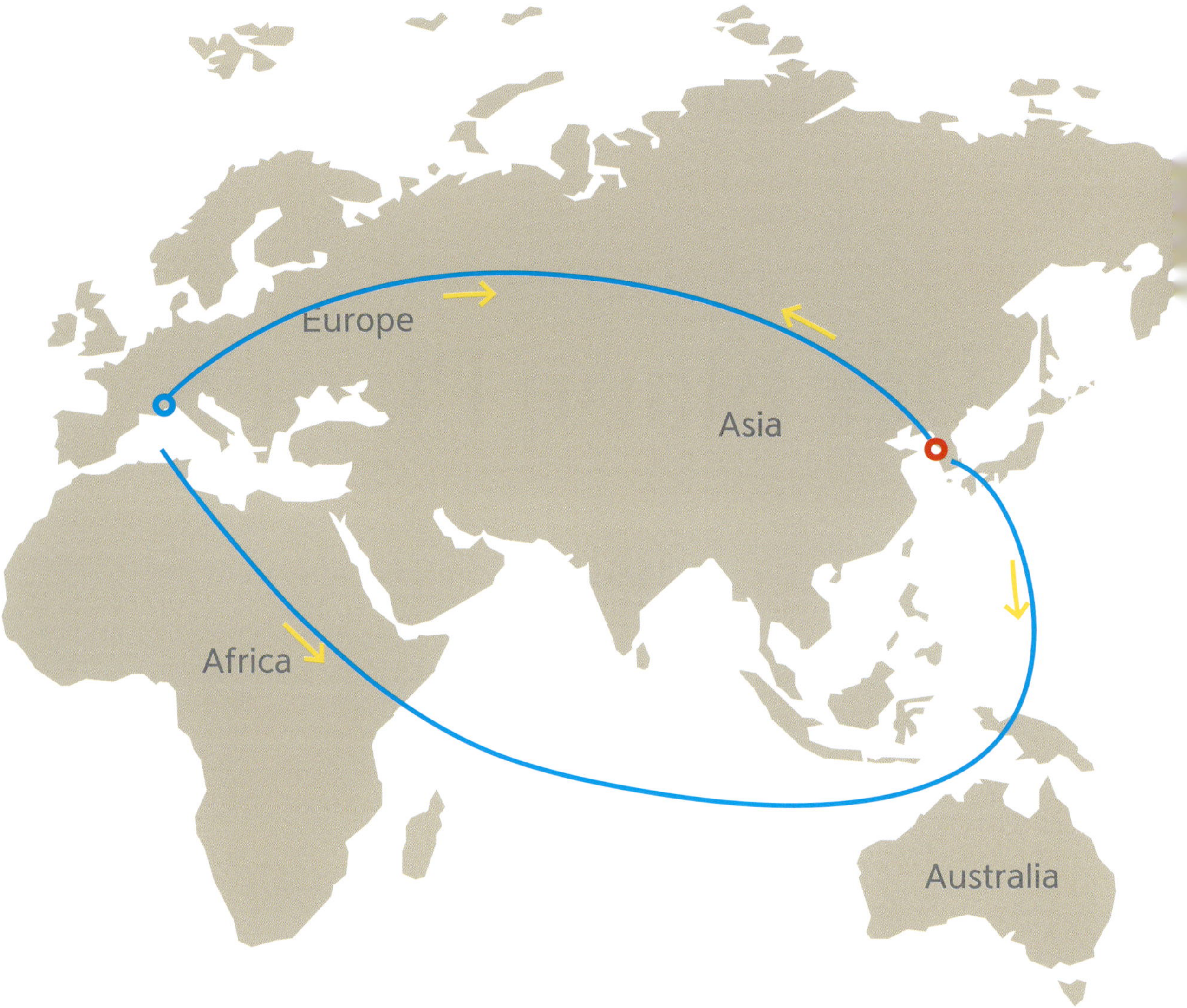

Europe

Asia

Africa

Australia

Deutsch-koreanische Begegnungen

- 1664   소현세자-Adam Schall von Bell
- 1868   Ernst Jakob Oppert
- 1874   Diplomatische Kontakte
- 1882   Handelsvertrag
- 1898–1910   Deutsche Schule (Paul Georg Möllendorf)
- 1899–1950   이미륵. München 대학 박사, 작가
- 1902–1999   안호상. Jena 대학 박사, 초대 문교부장관
- 1917–1995   윤이상. Berlin 음악대학 졸업, 작곡가
- 1955   etwa 1,000 Nordkoreaner in der DDR
- 1956   Diplomatische Beziehung
- 1958   Austausch der Botschafter
- 1962–1976   Zirka 18,000 südkoreanische Bergleute und Krankenschwestern nach Deutschland
- 1972   Eröffnung des Goethe-Instituts Seoul
- Ab 1980er Jahre   Freie Reise ins Ausland, reger Austausch

Der blaue Planet

Ein Lehrwerk für koreanische Deutschlerner

집필동기

　　　　　집필자는 독일어권으로 진출을 준비하는 한국의 학습자를 위해서 이 교재를 썼다. 이미 시장에 상당히 많은 독일어 교재가 나와 있음에도 불구하고 집필자가 이 교재를 쓰게 된 데는 이유가 있다.

　　　　　첫째 이유는 독일에서 출판된 Deutsch als Fremdsprache 계열의 교재들은 일방적으로 독일 중심적이어서 교육받은 교사의 도움 없이는 효과적으로 학습할 수 없다는 문제가 있기 때문이다. 그리고 한국에서 출판된 교재들은 그동안의 연구결과를 많이 반영하여 점점 좋아지고 있기는 하지만, 여전히 한국적인 학습전통을 벗어나지 못하고 있다는 평가를 했기 때문이다. 그래서 집필자는 한국의 학습자가 기대하는 적절한 독일어 교재가 필요하다는 판단을 하게 되었다.

　　　　　두번째 이유는 개인적인 이유이다. 집필자는 독일어를 처음 배우던 고등학교 시절이후 대학에서 정년을 맞을 때까지 주로 독일어와 함께 살았다. 그것을 배웠고 가르쳤을 뿐만 아니라, 배운 것을 확인하기 위하여 현장을 뛰어다녔고, 새로운 것을 배우기 위하여 책과 논문을 읽었다. 그리고 지금까지 교육관청의 요청으로 10권 이상의 교과서 작업에 참여했다. 그러나 이 작업에는 교육과정이라는 규범이 있어서 그것을 무시할 수 없었고, 공동 집필이라는 한계가 있었다. 이제 이런저런 제한이 모두 없어졌다. 그래서 그 "소중한" 지식과 능력과 경험을 살려서 다음 세대를 위한 교재를 써 보고 싶었다.

컨셉

그러면 이 교재는 어떤 컨셉을 가지고 썼는가?

첫째, 처음부터 마지막까지 다루는 내용이 현장중심이다. 여러분은 이 교재에 나오는 주인공이 되어 현장을 다녀야 한다. 살면서 공부하면서 필요한 상황을 설정하고, 어떻게 그 상황을 극복하는지 간접적으로 경험해야 한다. 이것을 독일어로 "authentisch" 라고 한다.

둘째, 한국 학습자의 입장을 반영했다. 텍스트마다 새로 나오는 어휘를 정리했고, 오랜 망설임 끝에 한국어 번역을 추가해서 사전을 찾는 시간을 절약하게 했다. 무엇보다 중요한 개념을 별도로 정리해서 여러분들의 수준 높은 지적 호기심을 충족시키도록 했다. 이것을 독일어로 "lernerorientiert" 라고 한다.

셋째, 외국어 능력이 크게 없어도 낯선 땅에서 살아남을 수는 있다. 그러나 닥친 상황에서 능동적으로 행동하기 위해서는 적극적으로 언어를 구사하면서 내가 하고 싶은 일을 해야 한다. 이 교재에서는 이런 상황을 가정해서 말하는 연습과정이 많이 있다. 그러니까 여러분은 연극처럼 어떤 역할을 하듯이 연습을 해야 한다. 처음부터 모든 것을 마음 먹은 대로 다 구사하겠다는 목표는 세우지 말기를 바란다. 어린 아이가 처음 말을 배우듯이 간단한 대화에서 시작해서 조금씩 문장을 확장해 나가야 한다. 의사소통적인 대화를 독일어로 "kommunikativ" 라고 한다.

넷째, 국제적인 감각을 키우는 것을 염두에 두었다. 한국인이 독일인과 매끄러운 대화를 하기 위해서는, 언어적인 구사능력과 함께 독일인들의 사고방식과 습관, 그들의 역사와 문화를 폭 넓게 이해하고 있어야 한다. 더 나아가서 독일어로 말하는 또다른 문화권의 친구들과 소통하기 위해서는 열린 마음으로 그들의 의사를 경청해야 하는 것이다. 이것을 독일어로 "interkulturelle Kompetenz fördernd" 라고 한다.

학습목표

외국어 학습의 목표는 낯선 언어의 어휘나 문법규칙을 익히고, 텍스트를 읽고 단순히 이해를 하는 것으로 달성되는 것이 아니고, 현장에서 상대방의 말과 글을 이해하고 그것에 대한 학습자의 생각을 적극적으로 표현하는 방법을 배우는 데 있다.

유럽의 경우에는 유럽연합Europäische Union이 출범하면서 회원나라별로 서로 다르던 제도를 통일하게 되는데, 문화협력 위원회 산하 교육분과에서는 현대언어에 대한 기본적인 틀을 만들게 된다. 이 위원회는 2000년 『언어학습, 교수, 평가를 위한 유럽공통 참조기준』(한국판 2007)을 발표하고 회원국에 적용하기를 권고하였다.

그 후 유럽 언어영역의 참조기준은 많은 나라의 언어교육과정에 기준이 되거나 참조가 되고 있다. 우리나라도 고등학교 교육과정에서 이 기준을 참고하고 있다. 그러나 여러분이 직접 독일어권으로 진출하려고 한다면 정확하게 유럽의 언어학습의 기준을 따라야만 여러분의 언어능력을 인정받을 수 있다.

유럽 참조기준에는 성취능력을 A Elementare Sprachverwendung 기초적 언어사용, B Selbständige Sprachverwendung 독립적 언어사용, C Kompetente Sprachverwendung 완벽한 언어사용의 단계로 구분한다.

『Der blaue Planet』에서는 A단계의 수준을 목표로 『Band I』, 『Band II』를 집필했다. 저자는 이 단계를 Orientierung 단계로 명명했다. 낯선 길 찾아가기, 궁금한 것 묻고 대답을 이해하기 등 현장에서 살아남기 위해서 필요한 거의 모든 주제를 다루었다. 특히 저자는 한국의 상황과 같지 않은 독일현장의 상황을 파악하는 감각을 키우고, 이미 가지고 있는 세계지식을 활용하는 순발력을 발휘하여, 학습자의 표현욕구를 해결할 수 있는 기초적인 언어능력을 키우는데 관심을 두었다.

학습방법

이 교재를 가지고 공부하는 방법에 대해서 조언하는 것은 집필자의 의무라고 생각한다. 그 조언을 따를 것이냐 마느냐 하는 것은 여러분의 선택이지만, 효과적인 학습을 위해서 그것을 따르면 좋을 것이라는 것이 집필자의 경험이다.

첫째, 이 교재는 교수의 일방적 강의용 교재가 아니라 오히려 교수자와 학습자 또는 학습자와 학습자가 능동적으로 참여하여 과제를 풀어가는 연습용 교재이다. 최소 구성은 두 사람 단위의 소그룹이지만, 10명 이하의 그룹이면 적절할 것이고 지도자가 있으면 더 좋을 것이다.

둘째, 학습 중에는 가능하면 독일어로 말하기를 바란다. 물론 한글로 된 부분은 제외하고 말이다. 서툴고 어색하지만 독일어로 해 봐야 한다. 독일어가 떠오르지 않으면 손짓과 발짓, 몸짓언어로 해야 한다. 이것을 "nonverbale Kommunikation" 이라고 한다.

셋째, 예술과 체육의 여러 분야처럼 외국어 학습도 집중적으로 해야 학습 효율이 높다. 많은 반복을 통해 낯선 언어가 뇌리에 각인될 때까지 공부해야 진정한 실력이 된다.

이 교재로 혼자 혹은 소그룹으로 공부하는 학생들은 무엇인가 부족함을 느낄 수 있다. 그래서 저자는 학습자의 요구를 수용해서 온라인을 통한 개별적인 지도나 오프라인을 통한 보충지도를 하려고 한다.

이를 위하여 네이버에 카페를 개설했다. 온라인 주소 https://cafe.naver.com/ababelverlag 여러분들은 이 카페를 통해 음성파일을 비롯하여 출판사가 제공하는 각종 자료를 열람하거나 다운로드 할 수 있다. 나아가서 저자-학습자, 학습자-학습자 상호간의 질문과 비판, 조언과 정보교환이 활발하게 이루어지기를 기대한다.

언어기능별 학습방법
DIDAKTISCH-METHODISCHE TIPS

언어기능별 학습방법
DIDAKTISCH-METHODISCHE TIPS

대화 텍스트
Dialog:

❶ 제목을 보고 어떤 상황이 전개될지 미리 예측해 본다.

❷ 제목과 관계가 있는 어휘 Schlüsselwort, 중요한 문장 Schlüsselsatz 을 몇 개 골라 뜻을 익힌다.

❸ CD에 녹음된 대화 텍스트를 두 번 내지 세 번 듣는다. 필요하면 여러 차례 나누어서 듣는다.

❹ 기본적으로 누가 wer, 언제 wann, 어디서 wo, 무슨 상황 in welcher Situation에서 말을 주고 받는지 독일어로 묻고 대답하고 설명해 본다. 교재에 나온 질문을 하고 대답한다.

❺ (교재에 나오지 않은) 대화의 배경에 대한 추가적인 질문을 만들어보고 대답한다.

❻ 연습과제를 한다.

읽기 텍스트
Lesetext

❶ 제목을 보고 어떤 상황이 전개될지 미리 예측해 본다.

❷ 제목과 관계가 있는 어휘(유사어, 반대어 등)를 몇 개 골라 뜻을 익힌다.

❸ 텍스트를 읽고 글쓴이의 생각을 따라 가면서 논리전개의 과정을 쫓아간다.

❹ 주어진 질문에 답하고, 텍스트의 내용을 독일어로 요약한다.

❺ 연습과제를 한다.

연습문제
Mündliche und schriftliche Übungen

❶ 연습문제들은 일단 주어진 텍스트를 읽거나 듣고 이해한 다음, 비슷하거나 조금 응용을 한 상황을 제시하면서 반복을 하도록 만들었다. 여기에는 단순한 반복보다는 학습자의 세계지식 Weltwissen을 이용한 응용력이 필요하다.

❷ 말하기 연습의 경우에는 반드시 완벽한 문장, 문법체계에서 맞는 문장을 말하면서 연습하기 보다는 상대방이 알아들으면 되는, 그러니까 의사소통에 방해가 되지 않을 정도의 단어나 문장이면 그냥 통과해야 한다.

❸ 글을 쓰는 연습의 경우는 시간적인 여유가 있기 때문에 가능하면 형식을 갖춘 문장으로 연습하는 것이 더 좋다.

문법
Grammatik

❶ 문법은 "So viel wie nötig, so wenig wie möglich" 라는 원칙을 따라 배열했다. 처음부터 문법의 규칙을 외우고, 등장하는 모든 문법내용을 다루게 되면 살아있는 언어를 익히지 못한다. 우선 주어진 텍스트와 연습문제로 의사소통을 하고, 그것으로 현지의 상황을 극복하고 난 후, 시간이 날 때 한번쯤 정리된 문법을 보면 된다.

❷ 그래서 여러분은 이 교재에 정리된 문법을 처음부터 마지막까지 익힐 필요는 없다. 가끔은 지루할 정도로 많은 예를 들기는 했지만, 이것은 어떤 규칙성을 발견하기 위한 재료에 불과하다.

❸ "언어학습, 교수, 평가를 위한 유럽공통참조기준 Gemeinsamer erropäischer Referenzrahmen für Sprachen: lernen, lehren, beurteilen" (2000, 한국어판 2007)에 따르면 문법은 더 이상 언어적 능력의 평가대상이 아니다. 그것은 단지 모든 문장의 밑바닥에 깔린 기초공사 같은 것이다. 언어영역의 능력평가는 모듈das Modul 로 한다. 다시 말하면 벽체와 창문과 문을 조립해서 조립식 주택을 짓는 것 같이, 또는 전자부품을 조립해서 완제품을 만드는 것 같이 언어의 각기 다른 영역인 듣고, 말하고, 읽고, 쓰는 능력은 따로 따로 평가를 받게 되어있다. 그러니까 영역별 합격과 불합격 판정을 받게 되는 것이다. 불합격한 영역은 재시험을 통해 다시 도전할 수 있다.

박스 정보
Neue Wörter,
Landeskunde,
Wortschatz usw

❶ **Neue Wörter:** 텍스트 마지막 부분에 새로 나오는 단어를 품사와 우리말 번역과 함께 정리했다. 필요하면 간단한 예문도 들었다.

❷ **Landeskunde:** (독일문화권 또는 다른 문화권) 국가에 대한 역사, 지리, 정치와 문화에 대한 지식

❸ **Wortschatz:** 여기에서는 텍스트의 직접적인 이해에 필요하지는 않지만, 어휘의 깊이를 알기 위해 필요한 내용을 추가로 설명했다.

자기평가 및 종합평가

❶ 각 과의 마지막에 자기평가를 위한 시험 Test zur Selbstkontrolle에는 Diktat, Spracharbeit, Hörverstehen 등을 실어 두었다.

Diktat: 한 사람이 텍스트를 읽어주고 다른 사람(들)이 받아 적는다. 받아쓰기 텍스트는 보통 세 번 읽어준다. 첫번째는 보통 속도로 전체 텍스트를 읽어주고, 두번째는 문장을 의미 단위로 나누어서 천천히 읽어준다. 이때 문장부호(Punkt, Komma, Anführungszeichen, Klammer auf, Klammer zu, Doppelpunkt, Semikolon, Ausrufszeichen, Strich ...)도 말해준다. 학생은 두번째 텍스트를 들으면서 받아 적는다. 세번째는 전체 텍스트를 다시 보통 속도로 읽어주는데, 이때 학생들은 잘못 쓴 것을 찾아서 고친다.

Spracharbeit: 이 부분은 어감을 평가하는 부분이다. 배운 내용 뿐만 아니라 배우지 않은 내용도 문맥을 봐 가면서 풀어가야 한다.

Hörverstehen: 학습자는 CD에 녹음된 대화를 두 번 내지 세 번 듣고 제시하는 질문에 답하는 과제이다. 처음에는 전체 대화를 듣고, 두번째나 세번째는 텍스트 일부를 듣고 해당 내용에 대한 물음에 답한다. 마지막으로 다시 한번 듣고 대답을 확인한다.

❷ 이 교재의 마지막 15과는 지금까지 다루었던 학습내용을 종합적으로 평가해 보도록 구성했다. 우리나라 학교교육에서 자주 일어나는 현상이지만, 교사는 가르친 내용에 대해서만 평가하려는 유혹에 빠지기 쉽다. 그래야 학생들도 불안하지 않게 배운 내용을 반복하면서 시험을 준비한다. 그러나 그것은 엄밀하게 표현하면 주로 암기력을 테스트하는데 불과한 경우가 많다. 독일어 학습은 문법지식에 대한 공부가 아니라, 의사소통을 전제로 말이나 글을 주고 받는 행위를 배우는 것이다. 단순히 문장을 외워서는 대화를 계속할 수 없다. 우리는 항상 다른 시간에, 다른 파트너와, 다른 상황에서 대화를 주고 받게 되기 때문에 주어진 상황에 생동감 있게 대처해 나가야 하는 것이다. 이런 언어적 대처능력을 어감 Sprach-gefühl이라고 한다.

❸ 그렇다면 어느 정도의 성취를 목표로 해야 할 것인가라는 질문에 봉착한다. 독일에는 모든 평가에 "sehr gut", "gut", "befriedigend", "ausreichend" 등으로 성적을 적어준다. 그것은 대학의 학위증에까지 표시가 된다. 합격이 되는 네 개의 등급은 60% 성취에서 시작해서 90% 이상의 성취 사이의 정도를 나타낸다.
여러분들은 목표로 하는 성취도를 스스로 정하고 그 목표에 도전해야 할 것이다.

❹ 집필자는 의도적으로 평가문제에 정답을 제시하지 않았다. 그래야 학습자는 혼자 또는 집단으로 고민하면서 문제를 해결해 나가기를 배우기 때문이다.

DAS ABC-LIED

W.A. MOZART

DAS INHALTSVERZEICHNIS

Kapitel 1　　Auf dem Flughafen

LESETEXT 1	Boram fliegt nach Deutschland	024
텍스트 읽기		
DIALOG 1	Hallo	028
DIALOG 2	Ja, und Sie?	031
	Wortschatz　　Schüler und Student	
DIALOG 3	Alles Gute in Deutschland	034
	Landeskunde　　Vor – und Nachnamen	
LESETEXT 2	Schilder im Flughafen	036
	Landeskunde　　Euro	
DIALOG 4	Hier ist die Adresse	037
	Landeskunde　　Kleingeld	
	Zahlen (1–100)	
Test zur Selbstkontrolle		041
	Diktat	
	Hörverstehen　　1. Durchsage im Flughafen	
	2. Wie ist Ihr Name?	
	Spiel mit Zahlen	

Kapitel 2 Familie Schneider

DIALOG 1 **Frau Schneider** 046
  GRAMMATIK Verb sein
  Landeskunde Schlüssel
  GRAMMATIK Possessivpronomen mein, meine, dein, deine, Ihr, Ihre

DIALOG 2 **Herr Schneider** 051
  Landeskunde Stockwerke
  Substantive Raum, Möbel, Küchengerät, Geschirr, Besteck
  GRAMMATIK Lokale Angaben unten, oben, da, hier, dort

LESETEXT 1 **Mehrfamilienhaus** 057
  Landeskunde Schloss und Burg

LESETEXT 2 **Boram hat eine Wohnung.** 060
  Landeskunde Brot/Brötchen
  GRAMMATIK Verb haben
  GRAMMATIK Nomen (Genus, Kasus, Numerus)
    Bestimmter Artikel, Unbestimmter Artikel,
    Indefinitpronomen einer, keiner
    Pluralformen

Test zur Selbstkontrolle 074
  Diktat
  Schriftlicher Ausdruck
  Hörverstehen Ich habe ein Zimmer

DER BLAUE PLANET Band 1   15

Kapitel 3 Am Morgen

LESETEXT 1	Morgenszene 1 (Koreanisch)	078
LESETEXT 2	Morgenszene 2 (Koreanisch)	080
	Landeskunde — Sprachfamilien	
	Grammatik — Konjugation von lieben	
	Wortschatz — lieben	
	Landeskunde — Latein 동사 인칭변화	
LESETEXT 3	Wir haben	086
	Landeskunde — Hast du eine Familie?	
	Zahlen (II) — Kardinalzahlen/Ordinalzahlen- Auto- und Telefobnummer/Adresse/Postleitzahl	
	Landeskunde — Uhr Wie spät ist es?	
	Grammatik — Wortstellung	
	Landeskunde — Wochentage, Monatsnamen, Jahreszeiten	
	Landeskunde — Kalender	
LESETEXT 4	So leben Menschen in Deutschland	088
DIALOG 1	Wir wird wohl das Wetter morgen sein?	105
	Landeskunde — Tageszeiten	
	Landeskunde — Good morning! Guten Morgen!	
	Grammatik — Präteritum von sein und haben	
Test zur Selbstkontrolle		**116**
	Diktat — Lebenslauf	
	Schriftlicher — Ausdruck	
	Hörverstehen — 1. Unfallmeldung 2. Wettervorhersage	
	Sprechen — 1. Wohin gehen Sie? 2. Ein freies Gespräch	

Kapitel 4 Im Unterricht

LESETEXT 1 Frühstücksbuffet 120

LESETEXT 2 Intensivkurs A1–3 121
  Wortschatz Sprachfamilien
  Landeskunde Exkursion

DIALOG 1 Im Unterricht 123
  Grammatik Heißen/ mein Name/Ich komme aus…
  Wo liegt …?
  Woher kommen sie? Land, Nationalität, Lage
  Namen (Vornamen und Familiennamen)
  Bedeutung der Vornamen, Beliebte Vornamen, Kosenamen
  Familiennamen, Nachnamen

LESETEXT 3 Selbstvorstellung 133
  Wortschatz Geschlecht, Familienstand

LESETEXT 4 Boram spricht über Korea 138
  Landeskunde Konfuzianismus
  Landvorstellung
  Land—Lage-Größe/Hauptstadt/Religion
  östlich, westlich, südlich, nördlich von …

Test zur Selbstkontrolle 145
  Diktat
  Schriftlicher Ausdruck
  Hörverstehen 1. Sag mal, welches Land es ist
    2. Raten Sie mal, wie das Land heißt
    3. Ein Gespräch auf der Polizeiwache

Kapitel 5 — Interviews

Hörverstehen	Interviews		148
	Wortschatz	Beruf	
	Landeskunde	Berufe	
	Landeskunde	Beliebte Berufe	
LESETEXT 1	Ausbildung und Studium		159
	Landeskunde	Wissenschaft, Studium, Fachrichtungen, Hauptfach, Nebenfächer	
LESETEXT 2	Reportage: Vier Lebensstile		163
DIALOG 1	Hast du eine Zulassung?		166
	Wortschatz	Zulassung, Pass, Visum, haben	
	Grammatik	Indefinitpronomen kein	
		Negation mit nicht, kein	
		Ja nein doch, möchte, Wortstellung	
		Modalverben wollen, sollen, können, dürfen, müssen, mögen	
		Wortstellung (Substantiv, Verb 1, Verb 2)	
Test zur Selbstkontrolle			176
	Diktat		
	Schriftlicher Ausdruck		
	Hörverstehen	1 Interview mit einem Studenten aus Ägypten	
		2 Interview mit einer französischen Schülerin	

Kapitel 6 Sprachen

DIALOG 1	Verstehst du Englisch?		180
	Grammatik	Konjugation von sprechen	
LESETEXT 1	Fremdsprachenkenntnisse der Deutschen		182
	Wortschatz	Weltsprache Danke	
LESETEXT 2	Sprachen(Statistik)		185
	Wortschatz	Muttersprache, Fremdsprache, Zweitsprache	
LESETEXT 3	Welche Sprache ist leicht zu lernen? (Entfernung zwischen Sprachen)		187
LESETEXT 4	Englischunterricht in Korea		190
LESETEXT 5	Early is easy		193
	Wortschatz	Intensiv Extensiv	
LESETEXT 6	Kinderreim Alt ist nicht neu, Hänschen klein geht allein.		196
	Wortschatz	Reim, Klang	
DIALOG 2	Mir geht es viel besser.		199
	Grammatik	Adjektiv (Steigerung), Das Gegenteil von	
LESETEXT 7	Sparsamkeit geht über Treue		206
Test zur Selbstkontrolle			212
	Diktat	Mein Nachbar kommt aus Norwegen.	
	Schriftlicher Ausdruck		
	Hörverstehen	1. Interview mit Juha	
		2. Fatma erzäht von ihrer Familie	

Kapitel 7 — In der Stadt

DIALOG 1	Was gibt es in München zu sehen?	218
DIALOG 2	Was hätten Sie gern? (Im Touristeninformationsbüro)	223
	Landeskunde — MVV	
DIALOG 3	Auf dem Marienplatz	226
	Wortschatz — wissen und kennen	
	Grammatik — Modalpartikel — ja, denn, eigentlich	
	Was ist denn das? Wer ist denn das?	
	Lokale Angaben — da, hier, dort, da hinten	
	Orientierung — Geradeaus, rechts, linbks, halb links...	
LESETEXT 1	Die alte Pinakothek	234
LESETEXT 2	Lageplan der alten Pinakothek	238
	Öffnungszeiten und Gebühren zum Eintritt	
Test zur Selbstkontrolle		241
	Diktat	
	Schriftlicher Ausdruck	
	Hörverstehen — 1. Navigationshinweis	
	2. Das Lenbachhaus	

Kapitel 8 — Zeichen, Bildersprache, Piktogramm

	Wortschatz	Zeichen, Bild, Piktogramm	
LESETEXT 1	Zeichen sind praktisch.		248
	Wortschatz	Gerät, Maschine, Apparat	
DIALOG 1	Toilettensuche in der Stadt		253
DIALOG 2	Schließfächer im Kölner Hauptbahnhof		254
	Landeskunde	Bahnbeamter oder Bahnangestellter	
	Grammatik	Komposita	
	Verkehrsschilder		
	Landeskunde	Fußgängerzone	
LESETEXT 2	Geschichte der Autobahn		260
	Wortschatz	Autobahn	
DIALOG 3	Das Wetter		263
	Wortschatz	Sommer, Gotik	
	Grammatik	Gebrauch von „es"	
DIALOG 4	Salzburg		267
	Landeskunde	Salzburg	
Test zur Selbstkontrolle			**269**
	Diktat	Ohne Autos geht es nicht	
	Schriftlicher Ausdruck		
	Hörverstehen	Der junge Mozart	
Anhang	Diktat – und Hörtexte (Kapitel 1 bis Kapitel 8)		

Kapitel 1
Auf dem Flughafen

Kapitel 1 Auf dem Flughafen

김보람(한국, 대학생, 여, 22세)은 오늘 독일로 간다. 인터넷을 통해 8주짜리 독일어 과정 Deutschkurs에 등록했고, 두 달 동안 살 방도 구했다. 물론 왕복 비행기도 예약을 하고 스케줄과 함께 전자항공권도 받았다. 큰 가방(24kg)과 기내가방(8kg)을 꾸리고, 가족과 작별인사를 한 후 혼자 공항으로 간다.

LESETEXT 1 Boram fliegt nach Deutschland

Boram fährt zum internationalen Flughafen Incheon. Selbstvertrständlich hat sie einen Reisepass und ein online gekauftes Flugticket.

Im Flughafen geht sie zum Check-in-Schalter der Lufthansa. Aber da steht ein Automat (Self Check-in). Sie legt ihren Reisepass auf und drückt einige Tasten. Da kommt ihr Bordingpass mit der Gate- und Sitznummer raus. Am Schalter stehen schon viele und warten. Sie zeigt ihren Bordingpass und gibt das Gepäck auf. Jetzt hat sie nur noch ein kleines Handgepäck.

Dann geht sie rein. Eine lange Schlange steht vor ihr. Das ist die Sicherheitskontrolle. Das dauert einige Zeit. Die Kontrolle ist streng. Endlich ist es vorbei.

Sie kommt jetzt zur Passkontrolle. Noch einmal die Schlangen. Es gibt Schlangen für Koreaner und Schlangen für Ausländer. Sie stellt sich in die Koreanerschlange. Aber diesmal findet sie wieder einen Automaten. Sie legt ihren Reisepass auf und lässt einen Fingerabdruck von der Maschine machen. Die Tür öffnet sich automatisch. Ganz einfach, denkt sie.

Jetzt hat sie bis zum Abflug frei. Sie guckt auf den Bordingpass und denkt, noch eine Stunde. Aber was ist denn das? Da sind viele zollfreie Geschäfte. Wo ist das Gate? Sie sucht Gate 82.

Sie geht die Rolltreppe runter und wartet auf die Shuttle-Tram. Tür auf, Tür zu. Die Fahrt dauert nicht lange, 5 Minuten? Sie steigt aus und sucht nach dem Gate 82. Dahinten, da ist Gate 82. Vor dem Gate warten schon viele Fluggäste. Sie surfen oder texten mit ihrem Handy. Einige sitzen auf der Bank und tun nichts.

Da hört sie eine Durchsage. Die Passagiere gehen durch die Kontrolle und zeigen den Stewadessen ihren Bordingpass. Dann gehen sie zum Gateway.

Auf dem Bordingpass steht die Sitznummer 55A, das ist ein Sitz am Fenster. Endlich nimmt sie ihren Platz ein. Dann legt sie den Gurt an. Die Maschine bewegt sich langsam. Dann rollt und startet das Flugzeug.

텍스트 읽기

독일어를 처음 대하는 학습자에게 위의 텍스트는 너무 길고 어렵지 않은가? 물론 텍스트의 양은 많고 내용도 어려워 보인다. 그러나 초보자 여러분에게 이 낯선 원문을 우리 말로 번역해 보라는 것이 과제는 아니다. 여기서 우리가 목표로 하는 것은 낯선 텍스트를 이해해 나가는 방법과 순서를 보여주는 것이다. 겁을 먹지 말고 용기를 내 보자.

1. Aufgabe: 독일어로 된 텍스트를 읽기 전에 먼저 해야 할 일이 있다.

제목 『Boram fliegt nach Deutschland.』를 염두에 두고, 각자가 공항에서 출국하는 여러가지 과정을 한국어로 정리해 보자.

a. 국제공항을 거쳐 출국하기 위해서 필요한 서류는 무엇인가?

b. 유럽행 비행기를 탈 때 가방은 몇 개 지참할 수 있으며, 무게 제한은 있는가? 큰 가방과 기내 가방에는 어떤 물건을 담아야 하는가? 아니면 어떤 물건을 담을 수 없는가?

c. 출국 수속을 하기 전에 항공사 창구에서는 무슨 일을 해야 하는가? 그리고 공항 출국장 입구에 들어서서 부터 기내 탑승할 때까지 어떤 과정을 거치는가?

d. 체크인부터 비행기가 이륙할 때까지 대략 얼마나 많은 시간이 걸리는가?

2. **Aufgabe:** 이제 독일어 텍스트를 읽어보자.

당연히 모르는 단어가 많을 것이다. 그러면 어떻게 해야 하는가? 아마도 대부분의 학생들은 다음 중 한가지를 택할 것이다.

a) 독한사전을 들고 처음부터 모르는 단어를 찾아서 뜻을 적으면서 번역을 해 나간다. 사전에 없는 단어가 나오면 더 이상 진도가 나가지 않는다.

b) 과제 1에서 한국어로 정리된 출국과정을 염두에 두고, 독일어 텍스트를 문단별로 읽어 가면서 상상력을 발휘하고, 뜻을 유추해 나간다.

c) 독일어 텍스트를 읽으면서 아는 단어를 먼저 찾아본다. 아는 단어를 출발로 해서 그 문단이나 문장의 뜻을 유추해 가면서, 나의 (직접 또는 간접) 경험을 바탕으로 원문 내용을 차례대로 정리해 본다.

어느 것이 올바른 방법인가?

a)번은 과거에 많이 해오던 방법이다. 크게 보면 동양적인 학습 습관이다.

b)번은 나의 사전지식 또는 기대와 원문 텍스트를 일 대 일로 맞추어 나간다. 언어적인 접근이 없이 두 가지 영역을 일치시키려는 방법이다.

c)번 방법은 교육을 받은 외국어 교사와 교수법 학자들이 추천하는 방법이다.

낯선 외국어 텍스트를 읽고 이해하는 방법:

1) 이미 알고 있는 세계지식Weltwissen으로부터 시작한다.

2) 텍스트의 제목에서 출발해서 본문을 이해하자. 텍스트에 등장하는, 이미 알고 있는 단어나 표현을 먼저 확인하고, 앞뒤의 문맥Kontext을 살펴본다. 빈 공백은 문맥을 통해 추리한다.

3) 전체 텍스트를 읽고 의미를 정리한다.

3. **Aufgabe:** 다음 각 문장에서 여러분이 이미 알고 있는 단어를 찾아 밑줄을 긋고, 문장 전체의 뜻을 유추해 보자. 잘 모르면 빈칸으로 둔다.

a. Boram fährt zum internationalen Flughafen Incheon.

b. Selbstverständlich hat sie einen Reisepass und ein online gekauftes Flugticket.

....

c. Sie geht zum zum Check-in-Schalter der Lufthansa.

....

d. Aber da steht ein Automat (Self Check-in).

....

e. Am Schalter zeigt sie ihren Bordingpass und gibt das Gepäck auf.

....

f. Jetzt hat sie nur noch ein kleines Handgepäck.

....

독일어를 배우지도 않았는데 아는 단어를 찾아보라고? 물론이다. 여러분은 오래 전부터 영어를 배웠고, 직접 해외여행을 했거나, 주변사람들을 통해 해외여행에 대한 이야기를 들었을 것이다. 그러니까 연필을 잡고 아는 단어, 알만한 단어를 찾아보라.

처음부터 Reisepass, Flugticket, Check-in-Schalter, Boardingpass, Handgepäck 등 단어가 눈에 들어오면 성공이다. Reisepass라는 단어가 낯설지 않고, Pass라는 단어가 보여도 성공이다. ticket, check-in, Lufthansa, Boarding, hand등은 모두 영어 단어가 아니든가? 단어의 일부인 영어가 눈에 보이면 나머지 부분은 유추할 수가 있다.

Reisepass : Reise+Pass 여권

Flugticket : Flug+Ticket

Check-in-Schalter : Check-in-Schalter

Boardingpass : Boarding+Pass

Handgepäck : Hand+Gepäck

Landeskunde

한국식 이름은 성+이름 순이지만, 서방세계는 이름+성 순이다. 이 차이는 무엇을 말하는가? 쉽게 말하면 한국 등 동양은 집단(성)이 중요하고 그 다음에 개인(이름)인데 반해, 서양은 개인이 중요하고 그 다음에 집단이 중요하다는 뜻이다. 이러한 관점의 차이는 여러 가지 표현에서 자주 볼 수 있는데, 이러한 점을 비교하면 양쪽 문화의 차이를 규정하는 커다란 도구로 사용될 수 있다. 김보람이 끝까지 김보람으로 말할 것인지, 아니면 바로 적응되어 Boram Kim이 될 것인지 두고 보자. Martin은 Vorname이고, Klaus는 Nachname 혹은 Familienname이다. 낯선 사람에게 이름을 말할 때 Vorname + Nachname 를 말하게 되는데, 젊은 층 끼리는 친근감을 나타내는 이름만을 말하기도 한다.

4. Aufgabe: 보람이는 어떤 과정을 거쳐서 탑승을 하고 이륙을 했는지 적어보자.

Im Flughafen

____ – ____ – ____ – ____ – ____ – ____ – ____ – ____

a. Sicherheitskontrolle

b. Passkontrolle

c. zollfreie Geschäfte

d. Rolltreppen/Schuttle-Tram

e. Gate 82/Pass- und Boardingpasskontrolle

f. Gateway- Sitz 55a

g. Take-Off

h. Check-in-Schalter der Lufthansa

Dialog 1 **Hallo**

Nachbar: Hallo!

Boram: Hallo!

Nachbar: Koreanerin?

Boram: Ja, und Sie?

Nachbar: Deutscher.

Boram: Ach so.

모르는 사람에게 인사를 하고 질문을 할 수 있는가? 물론 있다. 길을 가다가 "좋은 아침." 인사를 하기도 하고, "실례합니다. 여기 홍대가 어디 있어요?"같은 질문을 할 수도 있다.

비행기 안 economy class의 좁은 좌석. 옆에 앉아서 10시간 가까이 날아가는 상황에서 낯선 옆 사람과 대화를 나누어야 할 것인가? 물론 외국어에 자신이 있거나, 옆 사람에게 호기심이 많이 생길 경우 적극적으로 대화를 끌어 갈 수도 있다. 그런 건 아니더라도 적어도 질문을 받았을 때 대답은 해야 하지 않겠는가.

Worterklärung

Hallo	아는 사람이건 모르는 사람이건 처음 말을 걸 때는 Hallo라고 부른다.
Koreanerin?	한국어 "한국사람"은 우선 성별 구분이 없다. 이와 대조적으로 여성의 자의식이 우리보다 뚜렷한 독일에서는 독일남자 Deutscher와 독일여자 Deutsche를 구분하듯이, 한국남자 Koreaner와 한국여자 Koreanerin를 구분한다.
Ja, und Sie?	네, 그런데 당신은? 네, (나는 한국여자인데,) 당신은 (어느 나라 사람입니까)? Ach so. 아, 그래요. 아, 그렇구나. (내가 기대하지도 않았다가 무슨 새로운 것이 등장했을 때 사람들은 놀란다.)

1. Mündliche Übung: Bilden Sie einen neuen Dialog und führen Sie ein Gespräch.

>A: Koreanerin?
>B: Ja, und Sie?
>A: Deutsche.
>B: Ach so.

A	B
Koreanerin? – Deutsche	Ja
Chinesin? – Schweizerin	Ja
Deutsche? – Österreicherin	Ja
Italienerin? – Spanierin	Ja

남녀를 구분하는 방법은 간단하다. 몇 개의 예외만 제외하면.

Land	männlich	weiblich
Italien	Italiener	Italienerin
Spanien	Spanier	Spanierin
Japan	Japaner	Japanerin
Thailand	Thailänder	Thailänderin
Korea	**Koreaner**	**Koreanerin**
Deutschland	**Deutscher**	**Deutsche**

China	Chinese	Chinesin
Türkei	Türke	Türkin
Frankreich	Franzose	Französin
Russland	Russe	Russin

위의 표에서 나라이름-남자-여자의 표현에 어떤 규칙성이 있는지 찾아보자.

일단 상대방과 대화를 시작하면 친근감 sympathisch이나 호기심 neugierig이 생기기도 하고, 그 반대의 현상이 생기기도 한다. 주인공 두 사람은 전자의 경우이다.

Dialog 2 Ja, und Sie?

Nachbar: Nach München?

Boram: Ja, und Sie?

Nachbar: Ich auch. Studentin?

Boram: Ja. Und Sie?

Nachbar: Autodesigner.

Boram: Ach so.

Nachbar: Ich arbeite bei BMW.

두 사람은 아주 간단한 말로 각자의 호기심을 표현한다. 독일행 비행기를 같이 타고, 한국 여대생과 독일 남자가 옆자리에서 대화를 나눈다면 어떤 질문을 주고 받을까? 그것은 대화참여자의 신분이나 성격에 따라, 무엇보다 언어적인 표현능력에 따라 다를 것이다. 우리의 주인공들은 비교적 기본적인 호기심을 해소하는 정도의 간단한 대화를 나눈다.

Worterklärung

nach München?	뮌헨으로 (갑니까)? 지금 타고 있는 비행기가 뮌헨행인데도 그런 질문을 하는가? 물론이다. 뮌헨공항은 프랑크푸르트공항처럼 거점공항이기 때문에 많은 사람들은 그곳에서 환승Transit/umsteigen을 한다.
ich auch.	나도 그래요. (이 말은 매우 사용빈도가 높은 말이다.)
ich nicht.	나는 그렇지 않아요. 나는 달라요.
Studentin?	여자대학생? 앞에서 언급했지만, 국적뿐만 아니라 직업을 말할 때도 성별을 나누어서 표현한다. 남자대학생Student/여자대학생Studentin
Autodesigner	<der>자동차 디자이너. 이 단어는 독일어 Auto와 영어 designer의 합성어이다.
Ich arbeite bei BMW.	나는 BMW에서 일해요. BMW는 Die Bayerischen Motoren Werke의 약자. (BMW는 세계 15개 상위에 속하는 자동차생산 회사이다.) 회사원일 때는 Ich arbeite bei BMW/ bei Siemens/ bei LG. 등으로 소속직장을 말한다.

Wortschatz

독일은 학교 Schule를 다니는 학생(Schüler/Schülerin)과, 대학이나 대학교 Universität, Hochschule, Akademie 등을 다니는 대학생(Student/Studentin)을 구별한다. 전자는 학생이고, 후자는 대학생이다. 이 차이는 무엇인가? 학교에서는 이미 있는 지식을 가르치는데 (Lehre), 대학은 이미 있는 지식의 전수(Lehre)와 함께 새로운 지식을 창출하는 (Forschung) 과제를 가지고 있다.

2. Mündliche Übung: Bilden Sie einen neuen Dialog.

A: Ich arbeite bei BMW. Und Sie?

B: Ich? Bei Siemens.

BMW, Siemens, Bosch, VW, Lufthansa, Böhringer Ingelheim....

Samsung, LG, SK...,

selbständig, zu Hause, in der Universität...

Ich arbeite selbständig. 나는 자영업을 한다.

Ich arbeite zu Hause. 나는 (가정주부로, 재택근무로, 또는 독립적으로) 집에서 일한다.

3. Mündliche Übung: Bilden Sie einen neuen Dialog.

Nachbar:	Nach München?
Boram:	Ja, und Sie?
Nachbar:	Ich auch. Studentin?
Boram:	Ja. Und Sie?
Nachbar:	Autodesigner.
Boram:	Ach so.
Nachbar:	Ich arbeite bei BMW.

A	B
Nach Frankfurt?	Ja
Ich auch, Schülerin?	Ja
Schauspieler, im Theater.	

A	B
Nach Berlin?	Ja, und Sie?
Nach Hamburg, Student?	Nein, Angestellte(r). Und Sie?
Ich auch, bei Siemens.	

A	B
Nach Paris?	Ja, und Sie?
Nach Wien, Künstler?	Nein, Kunststudent. Und Sie?
Musiker, im Wiener Orchester.	

Dialog 3 Alles Gute in Deutschland

Martin Klaus:	Mein Name ist Martin, Martin Klaus. Und Sie? Wie ist Ihr Name?
Boram Kim:	Boram. Kim Boram.
Martin Klaus:	Also alles Gute in Deutschland.
Boram Kim:	Danke. Ihnen auch.
Martin Klaus:	Tschüss.
Boram Kim:	Auf Wiedersehen.

10시간 이상의 비행시간 중에 그래도 몇 마디 이야기를 나눈 사람과 작별을 해야 한다. 통성명을 해야 드디어 아는 사람이 된다. 그래서 이름이 중요하다.

Worterklärung

Mein Name ist Martin Klaus.	나의 이름은 마르틴 클라우스입니다.
Wie ist Ihr Name?	당신 이름은 무엇입니까? Wie heißen Sie?
also	이 말은 지금까지 나눈 대화의 내용을 요약할 때 사용한다. 이런 저런 이야기를 마치면서 "그러면" "그렇다면" 정도이다.
Alles Gute!	모든 일이 잘 되기를 빕니다.
Alles Gute in Deutschland!	독일에 있는 동안 모든 일이 잘 되기를 빕니다.
Viel Erfolg.	모든 일이 성공하기를 빕니다.
Danke.	감사합니다. 고맙다.
Tschüss.	젊은 층에서 헤어질 때 하는 인사
Auf Wiedersehen.	헤어질 때 하는 일반적이고 공식적인 인사. "다시 만나기를 기대합니다."

4. Mündliche Übung: Bilden Sie einen neuen Dialog.

Martin Klaus: Mein Name ist Martin, Martin Klaus. Und Sie? Wie ist Ihr Name?

Boram Kim: Boram. Boram Kim.

Martin Klaus: Also alles Gute in Deutschland.

Boram Kim: Danke. Ihnen auch.

A	B
Heiko Biermann	Kim Subin
Elisabeth Link	Park Youngil
Ivo Maul	Choi Bom
Hannelore Gabronski	Sagong Min

LESETEXT 2 Im Flughafen

비행기가 목적지에 도착했다. 드디어 독일이다. 다른 사람들이 나가는 길을 따라 출구 쪽으로 나오다가 눈에 띄는 표지판이 여러 개 있었다. 뜻이 무엇인지 말해보자.

- Ausgang - Exit
- Transit
- EU/NON EU
- Gepäckausgabe

비행기는 드디어 뮌헨공항에 도착했다. 공항을 빠져나가는 절차가 인천공항에서 출국과정을 거치는 것 보다 더 시간이 많이 걸리는 느낌을 받았다. 특히 보안검색이 엄격했다.

비행기에서 내리는 탑승객을 기다리는 사람들이 많다. 그러나 김보람이를 기다리는 사람은 아무도 없다. 대중교통을 이용해서 집을 찾아가야 한다. 주변을 두리번거리며 무엇을 탈것인가 생각한다.

Unterföhring 까지 가려면 S-8을 타야 한다.

Aufgabe: 보람이는 공항에서 시내로 가기 위하여 어느 티켓을 구입했을까?

Tickets

Single-Tageskarte (Innenraum)	6,70 Euro
Gruppen-Tageskarte(2-5 Personen)	12,80 Euro
Kinder-Tageskarte	3,20 Euro
Airport-City-Day-Ticket-Single	13 Euro

Dialog 4 **Hier ist die Adresse**

Taxifahrer: Hallo!

Boram: Hallo!

(Der Taxifahrer nimmt den Koffer und das Handgepäck und tut sie in den Kofferraum. Boram steigt ins Taxi ein.)

Boram: Hier die Adresse.

(Boram gibt dem Taxifahrer einen Zettel mit der Adresse.)

Taxifahrer: Effnerstrasse eins.

Boram: Ja, Effnerstrasse eins.

..

Taxifahrer: Hier ist die Effnerstraße eins.

Boram: Danke. Was kostet das?

Taxifahrer: Vier Euro zwanzig.

Boram: Hier zehn Euro.

Taxifahrer: Und hier Ihr Rückgeld. Warten Sie einen Moment.

(Er lädt den Koffer und das Handgepäck aus dem Kofferraum aus.)

Boram: Danke schön.

Taxifahrer: Bitte schön.

Boram: Tschüss.

Taxifahrer: Tschüss

Worterklärung

Hier die Adresse.	여기 주소가 있어요. 아직 말이 익숙하지 않을 때 쪽지에 내용을 적어주면 오해를 줄일 수 있다. 김보람은 택시기사에게 주소쪽지 Zettel mit der Adresse를 전해준다.
Straße	<die> 돌이나 아스팔트로 포장된 자동차 길. 독일의 주소는 -straße가 가장 많다. 이외에도 -ring, -platz, -gasse 등등이 있다.
Was kostet das?	값이 얼마인가요? 비용이 얼마나 들었어요? Wieviel kostet das?
vier Euro zwanzig	4유로 20
Hier (sind) zehn Euro.	여기 10유로가 있어요.
Und hier (ist) Ihr Rückgeld.	그리고 여기 (당신이 받을) 잔돈 있어요.
warten	v. 기다리다
einen Moment	잠깐만 Warten Sie einen Moment. 잠깐만 기다리세요. (그렇게 말하면서 기사는 짐칸에 실었던 가방을 꺼내준다.)
danke schön.	대단히 감사합니다
bitte schön.	천만에요. 천만에. (이 말은 앞으로 자주 사용하게 될 것이다. 그런데 상황에 따라서 적절하게 사용해야 한다.)

Landeskunde

Euro유로: 유럽연합 27개 회원국 중 독일, 프랑스, 스페인, 네델란드 등 19개국이 사용하는 유럽연합의 공식통화이다. 1 유로는 100센트Cent이다.

잔돈 셈하기: 10유로를 받고 잔돈 5유로 80센트를 돌려주는 방식은 한국과 독일이 서로 다르다. 한국은 10-4,20=5,80으로 뺄셈을 한다. 독일은 4유로 20에서 더하면서 10유로까지 간다.

구체적으로 보면 택시기사는 10유로를 받고, 이렇게 덧셈을 해 나간다: (10센트를 주면서) 4유로 30, (20센트를 주면서) 4유로 50, (50센트 동전을 주면서) 5유로, 마지막으로 (5유로짜리 지폐를 주면서) 10유로라고 말한다.

1. Mündliche Übung: Bilden Sie einen neuen Satz.

> ein Zettel → Hier ist ein Zettel.

a. Ihr Gepäck → ....

b. die Adresse → ....

c. Ihr Pass → ....

d. dein Handgepäck → ....

수 Zahlen

일상생활에서 숫자는 매우 중요하다. 우선 간단한 숫자를 배워보자.

1	2	3	4	5
eins	zwei	drei	vier	fünf
6	7	8	9	10
sechs	sieben	acht	neun	zehn
11	12	13	14	15
elf	zwölf	dreizehn	vierzehn	fünfzehn
16	17	18	19	20
fünfzehn	siebzehn	achtzehn	neunzehn	zwanzig
21	22	23	24	25
einundzwanzig	zweiundzwanzig	dreiundzwanzig	vierundzwanzig	fünfundzwanzig
26	27	28	29	30
sechsundzwanzig	siebenundzwanzig	achtundzwanzig	neunundzwanzig	dreißig
40	50	60	70	80
vierzig	fünfzig	sechzig	siebzig	achtzig
90	100			
neunzig	einhundert			

1. **Aufgabe:** 영어와 독일어의 1-10까지 숫자 사이에 유사한 점이 있는가? 10-100의 10단위 표현에서 영어와 독일어의 공통점이 있는가?

....

....

2. Bingo-Spiel

진행자는 가로 세로 각각 5개의 칸을 만든 종이를 참여자에게 한장씩 나누어 주고,
각 참여자는 1부터 25까지의 숫자를 빈칸에 중복되지 않게 써 넣는다.
진행자는 별도의 종이에 1부터 25까지 순서를 뒤바꾼 숫자를 쓴 후,
그것을 차례대로 읽어 준다. 각 참여자는 자기의 숫자판에서
진행자가 부른 숫자를 X로 지워나간다.

제일 먼저 가로 waagrecht, 세로 senkrecht, 대각선 diagonal 중 두 가지를
먼저 X 친 사람이 게임에서 이긴다.

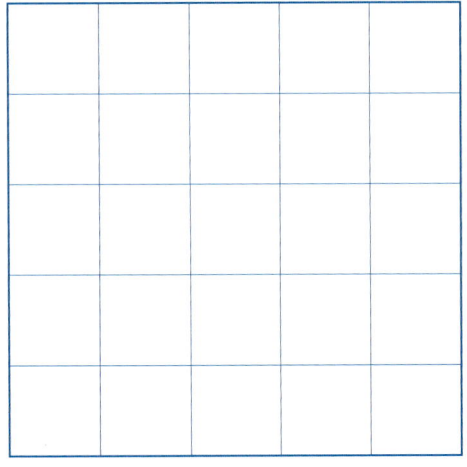

Test zur Selbstkontrolle

(Diktat-und Hörtexte S.274)

Diktat

....

....

Spracharbeit

1. Ergänzen Sie die Fragen und Antworten.

    a. .... kommen Sie? – Ich komme .... Italien.

    b. .... heißen Sie? – Ich .... Romero Santos.

    c. Alles Gute in Deutschland, Frau Kim. – .... Dank, Herr Santos.

2. Füllen Sie bitte das Formular aus und sprechen Sie Ihrem Partner über Sie

Angaben	
Name, Vorname	
Geschlecht	männlich oder weiblich
Geburtsdatum	
Geburtsort	
Nationalität	
Adresse in Deutschland	
Beruf	
Telefonnummer	

Hörverstehen 1   Durchsage auf dem Flughafen

Hören Sie die Durchsage im Flughafen zweimal.

1. Was ist richtig?

   a. Herr Martin Sander aus Hamburg
      Herr Martin Sand aus Frankfurt
      Herr Martin Santos aus Brasilien

   b. Kommen Sie bitte zum Schalter.
      Bitte kommen Sie zur Information.
      Bitte zum Ausgang.

2. Ergänzen Sie die Sätze.

- Herr Martin Sander aus .... Kommen Sie bitte zur ....

- Herr Martin .... Hamburg. Kommen Sie bitte .... Information.

- .... Martin Sander aus Hamburg. Kommen .... zur Information.

Kapitel 1 **Auf dem Flughafen**

 **Hörverstehen 2**   **Amandus aus dem Libanon**

Hören Sie den Dialog und ergänzen Sie die Sätze.

a. Der Name des Mannes ist _____ _____ .

b. Er heißt Amandus _____

c. Er kommt aus dem _____

d. Er kommt _____ dem Libanon.

e. Er _____ Libanese.

f. Sie sagt: „ _____ Gute."

g. Sie wünscht ihm alles _____ in Deutschland.

aus, Deutschland, alles, Alles, Gute, Libanon, Mohammed, Amandus , ist

Spiel mit Zahlen!

1. Welche Zahl kommt in die Lücke?

1) Zwei – vier – sechs – .... – .... – .... – ....

2) Fünf – .... – fünfzehn – .... – fünfundzwanzig – ....

3) Eins – drei – zwei – .... – drei – fünf – .... – sechs – fünf – .... – ....

4) Eins – zwei – zwei – .... – drei – drei – .... – .... – .... – vier – fünf – .... – fünf – .... – .... – sechs – .... – .... – .... – sechs – .... – .... – .... – .... – .... – sieben ....

5) Eins – zwei – vier – sieben – elf – .... – .... – .... – .... – ....

2. Machen Sie selbst Zahlenspiele!

Kapitel 2
Bei Familie Schneider

Kapitel 2 Bei Familie Schneider

김보람은 택시에서 내려 한국에서 인터넷으로 계약한 집을 찾는다. 마치 숲 속에 있는 듯한 아담한 4층짜리 주택이다. 집 벽에 Effnerstraße 1 라는 팻말이 있고, 집 문 옆에 몇 개의 이름이 나란히 보인다. 그 중에 Schneider라는 이름 옆의 단추를 누른다. 한참 있다가 현관문이 열리는 소리가 나고, 보람은 문을 밀고 들어간다.

Dialog 1 Frau Schneider

Frau Schneider: Hallo, Sie sind Frau Kim?

Boram: Ja, ich bin Kim Boram.

Frau Schneider: Mein Name ist Schneider.
Herzlich Willkommen!
Mein Mann ist Hausmeister.
Er ist unterwegs.
Ihre Wohnung ist oben.
(Die beiden gehen die Treppen hoch.
Frau Schneider öffnet die Wohnungstür.)
Das ist Ihre Wohnung und hier der Schlüssel.

Boram: Vielen Dank.

Hallo, Sie sind Frau Kim.	이미 배웠듯이 사람을 만나면 가볍게 인사를 한다. 가장 간단한 표현이 Hallo 이다. 물론 이 표현은 점잖은 사람들이 쓰는 표현은 아니지만, 친근함을 표현하기 위해서, 젊은 층에서 많이 사용한다. 두 사람이 대화할 때 <나 ich-당신 Sie> 관계가 된다.	
Sie sind Frau Kim?	당신이 김 부인이지요?	
Ja, ich bin Kim Boram.	네, 내가 김보람입니다.	
(Mein Name ist) Schneider.	(내 이름은) 슈나이더입니다. Ich heiße Schneider.	
Mein Mann ist Hausmeister.	나의 남편은 집관리인입니다. mein Name 나의 이름, mein Mann 나의 남편처럼 나와 관련이 있는 사람이나 사물을 표현할 때 mein ---를 쓴다. mein 뒤에 나오는 명사가 남성이나 중성이면 mein Mann, mein Haus, 여성이면 meine Frau 처럼 mein …, meine …로 구분해서 말한다. 소유나 관계를 표현하는 말을 **소유대명사 Possessivpronomen**이라 한다.	
Er ist unterwegs.	그 사람은 집에 없다. Er ist nicht da. <나 ich- 당신 Sie-관계>에서 제3자를 부를 때는, 그 제 3자가 1) 사람인지 사물인지, 2) 단수인지 복수인지를 구별해야 한다. 보람과 슈나이더 부인은 제3자인 슈나이더씨에 대해 말한다. 슈나이더씨가 남자이면 er, 슈나이더 부인처럼 여자이면 sie라고 말한다. 이것을 **인칭대명사 Personalpronomen**라고 한다.	
Ihre Wohnung ist oben.	당신의 집은 위에 있습니다. 당신 집은 윗 층에 있어요. Ihre Wohnung 당신 집, 당신이 살 집, 당신이 계약한 집 등으로 해석할 수 있다.	
Wohnung	<die, -en> 우리 말로 해석하자면 다세대 주택을 말한다. Wohnung에는 최소한도 잠잘 공간과 간단한 요리를 할 수 있는 공간과 화장실 정도가 있어야 하는데, 고급 Wohnung은 넓은 면적에 여러 개의 방도 있다. 앞마당이나 뒷마당이 있느냐구? 물론 단독으로 사용할 수 있는 마당은 없다. 독일의 대부분 서민들은 이런 주택형태에서 산다.	
oben	präp. (위치를 말할 때) 위쪽. 집인 경우에는 윗 층이 된다. ↔ unten	
öffnen	v. (문이나 창문 등을) 열다.	
Wohnungstür	<die> 집 문	
Das ist Ihre Wohnung.	이것이 당신 집입니다.	
Schlüssel	<der> 열쇠. 한국의 잠금장치는 아주 빨리 진화하여 요즈음은 디지털형 번호식이 많다. 앞으로 생체인식형도 도입될 것이다. 그러나 유럽의 대부분 나라에서는 여전히 전통 아나로그식 잠금장치를 사용한다.	
Hier der Schlüssel.	여기 열쇠. **Hier ist der Schlüssel.** 여기에 열쇠가 있다	

Worterklärung

Grammatik Sein 동사

singular		plural
ich bin		wir sind
du bist		ihr seid
er		
sie	ist	sie sind
es		

Ich bin Boram. 나는 보람이다.

Wer bist du? 너는 누구니?

Das ist Ihre Wohnung. 이것이 당신 집이요.

Wir sind Freunde. 우리는 친구입니다.

Seid ihr auch Freunde? 너희들도 친구니?

Sie sind Frau Kim. 당신이 김 부인이군요.

Herr und Frau Schneider. Sie sind nett und freundlich. 슈나이더 부부. 그들은 상냥하고 친절하다.

Landeskunde

집 열쇠를 분실하면 어떻게 해야 하나? 일반적으로 독일에서는 자기 집 열쇠 하나를 가지고 현관문, 자기 집 문, 차고 문 등을 열 수 있다. 집 열쇠를 분실하면 집관리인 Hausmeister을 불러서 한 두 번 들어갈 수야 있겠지만, 결국 열쇠공 Schlosser에게 가서 새로운 열쇠를 맞추어야 한다. 왜냐하면 열쇠를 주은/ 훔친 사람이 집을 마음대로 드나들 수 있기 때문이다. 독일의 열쇠값은 우리가 생각하는 것보다 비싸다.

다른 유럽인들도 마찬가지이지만 독일인들은 불안한 세상에서 생명을 부지하기 위해서 자기보호를 철저하게 했다. 그들은 공동체를 위해 든든한 성 Stadtmauer 과 성문 Stadttor을 지었고, 개인과 가족을 보호하기 위해 견고한 집을 짓고, 방을 만든 다음에 튼튼하게 자물쇠 Schloss로 잠그었다. 옛날부터 견고하고 안전한 잠금장치가 발달했다는 이야기이다. Schloss를 여는 것이 Schlüssel이다.

1. Mündliche Übung: Bilden Sie einen Dialog wie im Beispiel.

Ihr Mann–mein Mann

Ist das Ihr Mann?
Ja, das ist mein Mann.

a. Ihre Frau–meine Frau

b. Ihre Wohnung–meine Wohnung

c. Ihr Schlüssel–mein Schlüssel

d. Ihr Auto–mein Auto

2. Mündliche Übung: Machen Sie einen Dialog wie im Beispiel.

mein Freund –dein Freund

A: Das ist mein Freund.

B: Was? Dein Freund?

A: Ja, das ist mein Freund.

a. mein Vater 아버지
b. meine Mutter 어머니
c. mein Großvater 할아버지
d. meine Großmutter 할머니
e. mein Onkel 삼촌, 외삼촌
f. meine Tante 이모, 고모
g. mein Haus
h. mein Zimmer
j. mein Computer
k. mein Auto

* 복수형으로 나오는 Eltern, Kinder등을 소개할 때는 das ist .... 대신 Das sind .... 로 문장을 만든다.

meine Eltern – deine Eltern

A: Das sind meine Eltern.

B: Was? Deine Eltern?

A: Ja, das sind meine Eltern.

l. meine Kinder– deine Kinder 자녀
m. meine Schwestern–deine Schwestern 누이, 누이동생, 언니, 여동생
n. meine Freunde–deine Freunde

> 보람이는 집안을 대충 훑어본 후 짐을 풀기 전에 피곤한 몸을 소파에 뉘었다. 한참 후에 누군가 문을 두드리는 소리를 듣고 일어났다.

Dialog 2 Herr Schneider

(Jemand klingelt an der Tür.)

Boram:	Wer ist da?
Herr Schneider:	Schneider. Ich bin hier Hausmeister.

(Boram macht die Tür auf.)

Boram:	Kommen Sie herein.
Herr Schneider:	Guten Tag, Frau Kim.
Boram:	Hallo, Herr Schneider.
Herr Schneider:	So, alles klar?
Boram:	Ja. Aber wo ist der Lichtschalter?
Herr Schneider:	Hier ist einer. Sie können das Licht so einschalten und ausschalten. Wenn Sie noch Fragen oder Probleme haben, kommen Sie bitte zu mir. Ich wohne im dritten Stock.
Boram:	Alles klar. Danke, Herr Schneider.
Herr Schneider:	Tschüss, Frau Kim.

Worterklärung

klingeln	v. 벨을 울리다
Wer ist da?	거기 누구세요? 누가 왔어요? Wer ist das?는 구체적으로 사람이나 사진을 가리키면서 "누구에요?"를 묻는 질문이다..
Boram macht die Tür auf.	보람은 문을 열어준다.↔ Boram macht die Tür zu. 보람은 문을 닫는다.
Kommen Sie herein.	안으로 들어오세요. 이 문장은 명령문장이다. 상대방에게 Sie라고 부르는 경우에는 이 문장과 같이 동사의 부정형 kommen을 쓴다. herein은 이쪽 안쪽으로 라는 뜻이다. 누가 와서 집안으로 들여보낼 때 이 동사를 사용한다. 상대방에게 du라고 부르거나, 어린 아이에게 말할 때는 Komm herein. 이라 말한다.
So, alles klar?	그래, 아무 문제 없나요? 이 대화에서는 방금 이사 와서 뭐 불편한 것은 없는지, 어디에 무엇이 있는지를 아는지, 그것을 어떻게 사용할 줄 아는지를 묻는 것이다. alles klar는 새로 이사한 집 뿐만 아니라, 광범위한 상황에서 널리 사용하는 말이다.
Wo ist der Lichtschalter?	조명 스위치는 어디에 있나요?
Hier ist einer.	이 문장은 <Hier ist ein Schalter. 여기에 스위치가 하나 있어요.>라는 문장에서 ein Schalter 대신 einer를 사용했다. **이런 것을 부정대명사indefinite Pronomen**라고 한다.

Sie können das Licht so einschalten und ausschalten. 당신은 이렇게 조명을 켜고 끌 수 있습니다. einschalten 스위치를 켜다/ ausschalten 스위치를 끄다

Wenn Sie Fragen oder Probleme haben, kommen Sie bitte zu mir. 당신이 궁금한 것이나 문제가 있으면, 나한데 오십시오.

Frage	<die,-n> 질문. 모르거나 알고 싶은 것.
Problem	<das,-e> 문제. 어려움.
zu mir	나에게로, 우리 집으로, 집관리인 집으로
Ich wohne im dritten Stock.	나는 4층에 삽니다.
wohnen	v. (어디에) 산다. 의식주를 해결하는 의미에서 산다는 뜻이다.
im dritten Stock	4층에

Landeskunde

독일식 층 표현은 어떻게 하는가? 한국은 지층이 1층이지만 독일은 한 층을 올라간 2층이 erster Stock이다.

im vierten Stock	5층에
im dritten Stock	4층에
im zweiten Stock	3층에
im ersten Stock	2층에
im Erdgeschoss	지층에
im Untergeschoss	지하층에

1. Mündliche Übung: Führen Sie einen Dialog wie im Beispiel.

> **Jemand klingelt an der Tür**

A: Wer ist da?

Besucher: Einstein. Albert Einstein.

A: Kommen Sie herein.

Besucher: Guten Morgen, Frau Kim.

A: Guten Morgen, Herr Professor Dr. Einstein.

Herr Professor Dr. Albert Einstein (1879 in Ulm–1955 in Princeton, New Jersey)
Herr Wolfgang Amadeus Mozart (1756 in Salzburg–1791 in Wien)
Herr Professor Doktor Martin Luther (1483 in Eisleben–1546 ebenda)
Herr Dr. Karl Marx (1818 in Trier–1883 in London)
Frau Clara Schumann (1819 in Leipzig–1896 in Frankfurt am Main)
Frau Marlene Dietrich (1901 in Berlin–1992 in Paris)
Frau Dr. Bundeskanzlerin Angela Merkel (1954 in Hamburg–)

2. Mündliche Übung: 당신은 누구의 방문을 받고 싶은가? 방문자의 이름을 적어두고 연습 1과 같이 대화해 보자.

3. Mündliche Übung: Fragen Sie wie im Beispiel.

> **der Schalter**   Wo ist der Schalter?

die Toilette 화장실, die Dusche 샤워, die Küche 부엌, der Kühlschrank 냉장고,
die Waschmaschine 세탁기, der Briefkasten 편지함...

4. Mündliche Übung: Bilden Sie einen neuen Satz mit dem Beispielsatz.

> **Das Licht ein – und ausschalten**
> **Sie können das Licht so ein – und ausschalten.**

a. Die Tür abschließen (열쇠를 왼편으로 두 번 돌려 문을 잠그다)

b. Die Tür aufmachen (열쇠를 오른편으로 두 번 돌려 문을 열다)

c. Das Fenster aufmachen (손잡이를 9시 방향으로 돌려서 창문을 열다)

d. Das Fenster kippen (손잡이를 12시 방향으로 돌려서 창문을 기울이다)

e. Das Fenster zumachen (손잡이를 6시 방향으로 돌려서 창문을 잠그다)

f. Den Elektroherd ein- und ausschalten

g. Kaffee kochen

5. Mündliche Übung: Bilden Sie einen neuen Satz.

> **Kommen Sie zu mir, wenn Sie Probleme haben.**

a. ....

b. ....

c. ....

d. ....

Wenn Sie Fragen haben	질문이 있으면
Wenn Sie keinen Schlüssel haben	열쇠가 없으면
Wenn Sie Hunger haben	배가 고프면
Wenn Sie Zeit haben	시간이 나면

정신을 차린 김보람은 찬찬히 집안에 무엇이 있는지 돌아본다.

der Raum 공간	das Wohnzimmer 거실, das Schlafzimmer 침실, die Küche 부엌, das Badezimmer 욕실, die Toilette 화장실
das Möbel 가구	das Bett 침대, der Kleiderschrank 옷장, der Esstisch 식탁, der Stuhl 의자, der Schreibtisch 책상, das Sofa 소파
das Küchengerät 부엌 기구	der Kühlschrank 냉장고, der Elektroherd 전기불판, die Kaffeemaschine 커피머신, der Wasserkocher 물끓이는 포트
das Geschirr 그릇	der Teller 접시, die Tasse 잔, das Weinglas 포도주잔
das Besteck 수저	das Messer 칼, die Gabel 포크, der Löffel 스푼, der Teelöffel 티스푼
기타	die Waschküche 세탁하고 말리는 공간, die Waschmaschine 세탁기, der Trockner 건조기
위치 말하기 **lokalisieren**	hier 여기, da 저기, dort 저기
	vorne 앞에 ↔ hinten 뒤에, unten 아래에 ↔ oben 위에
	da와 함께 : da vorne, da hinten, da unten, da oben, daneben, dazwischen .....

6. Mündliche Übung: Bilden Sie einen Dialog wie im Beispiel.

   A: So, alles klar?

   B: Ja, aber wo ist die Toilette?

   A: Da.

   die Toilette (da)
   die Dusche (da hinten)
   der Elektroherd (da in der Küche)
   die Küche (da rechts)
   die Waschmaschine (unten im Keller)
   der Fernsehapparat (hier im Wohnzimmer)
   die Steckdose (da unten)
   die Kaffeemaschine (hier auf dem Esstisch)
   der Kühlschrank (da in der Ecke)

7. Mündliche Übung: Wie heißt das auf Deutsch? Führen Sie einen Dialog wie im Beispiel.

   A: Was ist das? Wie heißt das auf Deutsch?

   B: Wasserkocher. Das ist ein Wasserkocher.

   ein Wasserkocher 물 끓이는 기구
   eine Kaffeemühle 커피 가는 기구
   ein Elektroherd 전기불판
   ein Mülleimer 쓰레기통 ......

LESETEXT 1 **Mehrfamilienhaus**

Boram hat eine Wohnung in einem Mehrfamilienhaus.

Das heißt, in dem Haus wohnen mehrere Familien.

Das Haus hat vier Stockwerke. Im Erdgeschoß wohnen zwei Familien, im ersten Stock auch zwei. Im zweiten Stock sind auch zwei Wohnungen. In einer Wohnung wohnt Boram, die andere steht momentan leer. Im dritten Stock ist eine Dachwohnung. Da wohnt Familie Schneider, die Hausmeisterfamilie.

Noch eins. Im Keller gibt es auch Räume für alle Bewohner, die Waschküche und den Speicherraum.

Worterklärung

Mehrfamilienhaus	<das> 다세대주택
mehrere Familien	여러 가족
Stockwerk	<das,-e> 층
momentan	adv. 현재. 지금 현재
leer	adj. (집이나 사무실 등이) 비어 있는, nicht besetzt
Dachwohnung	<die,-en> 지붕 아래층, 다락 층
Keller	<der> 지하실
Raum	<der, Räume> 공간
Bewohner	<der> 거주자
Waschküche	<die> 세탁기를 설치한 공간, 세탁기실
Speicherraum	<der> 창고. 세대별 잡동사니를 보관하는 공간

1. Aufgabe: Zeichnen Sie das Mehrfamilienhaus, wo Boram wohnt.

2. Schriftliche Übung: Kombinieren Sie beide Teile miteinander.

In Deutschland

a. das Haus ....

b. die Zweifamilienhaushälfte ....

c. das Mehrfamilienhaus ....

d. das Reihenhaus ....

e. das Wohnhochhaus ....

f. der Bauernhof ....

g. die Villa ....

In Korea

1) 농촌 산촌 어촌 도시의 (단독) 주택 ....

2) 도시의 아파트나 주상복합 아파트 ....

3) 도시의 다세대주택 ....

4) 도시의 원 룸이나 투 룸이 있는 건물 ....

5) 연립주택 ....

6) 1000평 정도의 넓은 정원이 있고, 2-3층 정도의 규모가 큰 저택 ....

4. Schriftliche Übung: Das sind zusammengesetzte Wörter. Wie heißen die Wörter?

> **das Badezimmer**   das Bad (← baden) + das Zimmer   욕실

a. der Duschraum _____

b. das Wohnzimmer _____

c. das Waschbecken _____

d. der Esstisch _____

e. der Schreibtisch _____

f. die Dachwohnung _____

g. der Speicherraum _____

h. die Waschküche _____

i. die Waschmaschine _____

j. der Parkplatz _____

2. Schriftliche Übung: Ergänzen Sie den Satz.

a. Boram hat jetzt ein Dach über dem Kopf.

= Boram hat jetzt ....

= Boram hat jetzt ....

b. Zu Hause kocht die Mutter etwas.

= Zu Hause .... die Mutter ....

c. Wer kocht aber in Deutschland?

= Wer .... aber in Deutschland .... ?

d. Die Bäckerei liegt nicht weit von zu Hause.

= Die Bäckerei liegt ....

3. Mündliche und schriftliche Übung: Fragen Sie wie im Beispiel.

> **Wo ist die U-Bahn Station?**

die Bushaltestelle 버스 정거장   die Post 우체국

das Museum 박물관   die Mensa 대학식당

das Rathaus 시청사   der Supermarkt 수퍼마킷

die Bäckerei 빵가게   die Drogerie 위생용품매점

1. Mündliche Übung: Finden Sie Schlüsselwörter in jedem Abschnitt. Machen Sie daraus einen eigenen Satz.

Wohnung	ein Bett zum Schalfen	
	ein Kleiderschrank für Kleidung	
	ein Wohnzimmer zum Ausruhen	
	eine Küche zum Kochen	
Hunger?	kochen	zu Hause – Mutter
		hier – selbst kochen
	Bäckerei	nicht weit, nur 5 Minuten
	Supermarkt	3 Stationen mit der U-Bahn
		Lebensmittelabteilungen–alles

Boram erzählt:

Ich habe eine Wohnung. In der Wohnung habe ich ein Wohnzimmer zum Ausruhen.

....

....

....

....

....

Worterklärung

ausruhen	v. 휴식을 취하다
man	pron.(일반적으로) 사람이, (특별한 사람이 아니고 보통) 사람이
Hunger	\<der\> 배가 고픈 상태
fragen	v. (누구에게) 묻다/독일어 동사 fragen 다음에는 4격이 나와서, 누구에게 묻는다는 뜻이 된다.
Bäckerei	\<die,-en\> (독일의 주식) 빵 Brot/Brötchen을 만들어서 파는 가게
liegen	v. (어디에) 있다, 놓여있다.
Supermarkt	\<der\> 슈퍼마켓, 주로 식품 Lebensmittel을 판매하는 대형가게, 구매자가 직접 물건을 골라서 계산대 Kasse에 지불하는 방식의 가게
kochen	v. das Essen machen, 요리하다, 끓이다
natürlich	adj. 당연하게, 자연스럽게
zu Fuß	걸어서
weit	adv. 거리가 먼
nicht weit von zu Hause	= in der Nähe, 집에서 멀지 않은 곳에
Nähe	\<die\> 멀지 않은 곳, 가까이 /in der Nähe 근처에, 가까이에
fahren	v. (자동차, 기차, 배, 자전거 등을 타고) 가다 (비교: fliegen 비행기를 타고 날아가다)
U-Bahn	\<die,-en\> 지하철
Station	\<die,-en\> 정거장 (비교: Bushaltestelle \<die,-n\> 버스정거장)
Lebensmittel	\<das,- \> 식품, 즉 생명을 부지하는데 필요한 먹거리. 예를 들어 Brot 빵, Reis 쌀, Fleisch 고기, Fisch 물고기, Gemüse 야채, Obst 과일 등
Lebensmittelabteilung	\<die,-en\> 식품코너
alles	pron. 모든 것

Landeskunde

빵? Brot oder Brötchen?

독일의 빵 Brot(500g-1000g 짜리 큰 덩어리 빵), 작은 빵 Brötchen oder Semmel(50-100g 짜리 작은 빵) 은 Mehl 밀가루, Salz 소금, Wasser 물, Hefe 효모를 주재료로 만들고, 주로 주식용이다.

이와 대조적으로 한국에서 많이 먹는 빵은 대부분 간식용이다. 그것은 16세기 포르투갈 등 서양문물을 받아들인 일본이 유럽의 빵을 자기들의 입맛에 맞게 당분을 많이 사용하면서 간식용으로 바꾸었기 때문이다. 한국은 일본의 제과법을 배웠다. 요즈음은 직접 유럽식 제빵기술을 배워서 빵을 만드는 제빵사 Bäcker가 있어서 우리나라에서도 여러가지 유럽 빵을 먹을 수 있다.

Landeskunde

우리 말로 성(城)으로 번역하는 단어에 die Burg와 das Schloss가 있다.

Die Burg는 Berg에서 유래된 단어인데, 봉건군주나 왕들이 적들의 침공에서 자신을 보호하기 위해 산 위에 만들어 둔 방어용 건축물이기 때문에 규모가 그리 크지 않다. 독일의 경우 주로 라인강변의 언덕에 많이 있다.
Marksburg, Burg Eltz….

이와 대조적으로 das Schloss는 평상시 왕실의 위엄을 보여주기 위해서 세운 대규모의 성이다. Schloss Versailles in Frankreich, Schloss Neuschwanstein in Deutschland…..

서울에 있는 궁은 무엇이라고 할까? 그것은 Palast이다.
Kyungbok-Gung ist ein königlicher Palast.

LESETEXT 2 **Boram hat eine Wohnung**

Boram hat jetzt ein Dach über dem Kopf. Sie hat ein Bett zum Schlafen, einen Kleiderschrank für Kleidung, ein Wohnzimmer zum Ausruhen und eine Küche zum Kochen.

Wenn man Hunger hat? Zu Hause in Korea kocht die Mutter immer etwas für die Familie. Wer kocht aber in Deutschland? Sie selbst natürlich. Boram fragt Frau Schneider: "Wo ist eine Bäckerei? Wie kommt man zum Supermarkt?"

Die Bäckerei liegt nicht weit von zu Hause, also in der Nähe. Nur fünf Minuten zu Fuß. Ein Supermarkt? Frau Schneider sagt: "Fahren Sie mit der U-Bahn. Drei Stationen von hier. In der Lebensmittelabteilung gibt es alles."

ein Dach über dem Kopf haben=eigene Wohnung haben=eigene vier Wände haben
머리 위의 지붕, 네 개의 벽, 잘 집이 있다.

Bett	<das,-en> 침대
schlafen	v. 잠을 자다
Kleiderschrank	<der> 옷장
Kleidung	<die,-en> 옷
Wohnzimmer	<das,-> 거실

3. **Schriftliche Übung: Übersetzen Sie folgende Wörter ins Koreanische.**

   a. Das Schloss Neuschwanstein in Füssen _____

   b. Die Wartburg in Eisenach _____

   c. Die Residenz in Würzburg _____

   d. Das Brandenburger Tor in Berlin _____

   e. Die Stadtmauer in Rothenburg ob der Tauber _____

   f. Die Festung Hohensalzburg _____

   성(城) , 궁(宮), 궁전(宮殿), 성문(城門), 성곽(城郭),요새(要塞) ....?

4. **Aufgabe** 다음 명소를 어떻게 독일어로 번역했는지 알아보자.

   a. 경복궁 _____

   b. 창경궁 _____

   c. 비원 _____

   d. 남대문/동대문 _____

   e. 광화문 광장 _____

   f. 남한산성 _____

   g. 수원성 _____

   h. 중국의 만리장성 _____

   Palast, Garten, Stadttor, Platz, Mauer, Stadtmauer, Große Mauer ....

5. Mündliche und schriftliche Übung: Bilden Sie einen neuen Satz wie im Beispiel.

> **In der Lebensmittelabteilung gibt es alles.**

a. In der Universitätsbibliothek ....

b. Im deutschen Museum ....

c. Im Olympiapark ....

d. Im Tiergarten ....

e. Im Supermarkt ....

f. In der Unibuchhandlung ....

6. Mündliche und schriftliche Übung: Schreiben Sie einen neuen Satz wie im Beispiel.

> **mit der U-Bahn/die U-Bahn**

– Fahren Sie mit der U-Bahn.
– Nehmen Sie die U-Bahn.

a. mit dem Bus/den Bus

b. mit der Tram/die Tram

c. mit der S-Bahn/die S-Bahn

d. mit dem Taxi/das Taxi

Grammatik   Verb haben

singular		plural
ich habe		wir haben
du hast		ihr habt
er		
sie	hat	sie haben
es		

Grammatik
명사의 성

독일어 명사는 성을 가진다. 성(性, Genus)에는 남성(男性, Maskulinum), 여성(女性, Femininum), 중성(中性, Neutrum)이 있다.

1. Schriftliche Übung: 지금까지 배운 명사를 성에 따라 분류해 보자.

der	das	die

Die wichtigste Regel: Es gibt keine allgemein gültige Regel!!

Aber: Es gibt Merkmale, die bei der Bestimmung des Genus helfen. Diese beziehen sich auf die Bedeutung und die Endung des Substantivs.

남성명사

1. 자연의 성 – der Mann, der Student, der Vater

2. 직업이름 – der Architekt, der Arzt, der Mechaniker

3. 방향 – der Westen, der Osten, der Norden , der Süden

4. 요일, 달, 계절 이름 – der Sonntag, der Juni, der Sommer

5. 독일 이외 나라에 있는 강 이름 – der Nil, der Amazonas, der Ganges,

6. 대부분의 산, 산맥이름 – der Kilimandscharo, der Mt. Everest, der Vesuv

7. 날씨, 자연형상 – der Regen, der Schnee, der Hagel,

8. 어미 –ling, –ismus, –ich

–ling	der Liebling, der Schmetterling, der Lehrling,
–ismus	der Kommunismus, der Kapitalismus, der Hinduismus,
–ich	der Teppich, der Kranich, der Deich…

여성명사

1. 자연의 성–die Frau, die Schwester,…

2. 직업이름– die Lehrerin, die Architektin, die Sekretärin, die Hotelfachfrau,…

3. 독일의 일부 강 이름–die Elbe, die Donau, die Isar,…

4. 꽃 이름, 배 이름– die Orchidee, die Titanic…

5. 어미 –heit, –keit, –schaft, –ion, –ung

–heit	die Einheit, die Freiheit, die Gesundheit,…
–keit	die Geschwindigkeit, die Möglichkeit, die Einsamkeit,…
–schaft	die Wirtschaft, die Landschaft, die Freundschaft,…
–ion	die Revolution, die Tradition, die Position,…
–ung	die Endung, die Verbindung, die Beziehung,…

중성명사

1. 호텔이름, 색깔이름– das Rot, das Hilton, das Blau,...

2. 동사부정형이 명사화된 경우– das Rennen, das Laufen, das Rechnen,...

3. 어미 –chen, –lein, –ment,

> –chen das Mädchen, das Brötchen, das Zeichen,...
> –lein   das Fräulein, das Blümlein, das Männlein,...
> –ment das Instrument, das Experiment, das Apartment,...

4. 영어의 ing 어미로 끝나는 명사– das Doping, das Timing, das Training,...

Kasus 명사의 격

한 문장에서 명사는 동사와 함께 사용된다. 그리고 명사의 격은 문장에서 어떤 기능으로 사용되었는가에 따라 결정되는 데 결정하는 요소가 바로 동사이다. 동사는 명사의 격을 결정한다.

독일어에는 4개의 격(格, Kasus)이 있고, 1격(主格, Nominativ), 4격(目的格, Akkusativ), 3격(與格, Dativ), 2격(所有格, Genitiv)으로 분류한다.

1. Schriftliche Übung: Welchen Kasus hat das?

> Boram hat jetzt **ein Dach** über dem Kopf.(Akkusativ)

a. Sie hat ein Bett zum Schlafen.   (   )

b. Zu Hause kocht die Mutter etwas.   (   )

c. Boram fragt Frau Schneider.   (   )

d. Wo ist die Bäckerei?   (   )

e. Die Bäckerei liegt nicht weit von zu Hause. (   )

Artikel
관사

독일어 명사는 자기를 표현하는 역할에 따라 관사의 형태가 달라진다. 다른 말로 하면 관사의 형태를 통해 문장에서 기능을 표현하는 것이다.

정관사와 부정관사

관사에는 정관사(定冠詞, bestimmter Artikel)와 부정관사(不定冠詞, unbestimmter Artikel)가 있다. 이 두 가지를 구분하는 데에는 고도의 어감이 필요하다. 그러나 고난도의 구별능력은 이론으로만 되는 것은 아니기 때문에, 여러분은 일단 상황에 따라 관사가 사용되는 경우를 하나 하나 익혀나가는 것이 좋다고 생각한다.

정관사의 종류와 격

	단수			복수
	남성	중성	여성	남성·중성·여성
Nominativ	der	das	die	die
Akkusativ	den	das	die	die
Dativ	dem	dem	der	den
Genitiv	des	des	der	der

부정관사의 종류와 격

	단수			복수
	남성	중성	여성	남성·중성·여성
Nominativ	ein	ein	eine	–
Akkusativ	einen	ein	eine	–
Dativ	einem	einem	einer	–
Genitiv	eines	eines	einer	–

명사를 부정하기 위해서 kein ----를 사용할 때가 있다. 이 때 kein은 부정관사와 같은 어미변화를 한다.

Haben Sie schon eine Wohnung? 집을 구했습니까?

Nein, ich habe noch keine Wohnung. 아니, 아직 구하지 못했습니다.

Indefinitpronomen
부정대명사

부정대명사는 형태상으로 부정관사와 거의 같아 보인다. 그러나 부정대명사 einer, keine 등등은 명사와 같이 나오지 않고 독립적으로 사용된다.

ein-
kein-

	maskulin	neutrum	feminin	Plural
Nominativ	einer	eins	eine	welche
Akkusativ	einen	eins	eine	welche

Wo ist ein Schalter? 스위치가 어디 있어요?

Ich finde keinen. 나는 찾지 못해요.

–Hier ist einer. 여기 하나(스위치 하나) 있어요.

1. Mündliche Übung: Bilden Sie einen Dialog wie im Beispiel.

    A: Hast du eine Wohnung?
    B: Ja, ich habe eine Wohnung.

    eine Dusche   eine Küche
    einen Fernsehapparat einen Computer
    ein Handy   ein Wohnzimmer
    einen Schlüssel

2. Mündliche Übung: Bilden Sie einen Dialog wie im Beispiel.

    A: Hast du schon eine Wohnung?
    B: Nein, ich habe noch keine.

    eine Wohnung   einen Fernsehapparat
    einen Computer   ein Handy
    einen Schlüssel   ein Visum

Substantiv
명사

독일어의 일반명사는 단수형과 복수형을 구별한다. 그리고 복수임을 표시하는 방법은 여러 가지가 있다.

단수와 복수형

Singular	Plural	Singular	Plural
ein Zimmer	zwei Zimmer	eine Kamera	zwei Kameras
eine Wohnung	zwei Wohnungen	ein Kino	zwei Kinos
ein Haus	zwei Häuser	ein Park	zwei Parks
ein Auto	zwei Autos	eine Blume	zwei Blumen
ein Vater	zwei Väter	ein Student	zwei Studenten
eine Mutter	zwei Mütter	eine Uhr	zwei Uhren
ein Tag	zwei Tage	eine Stunde	zwei Stunden
ein Hund	zwei Hunde	eine Universität	zwei Universitäten
ein Brief	zwei Briefe	ein Thema	zwei Themen
ein Jahr	zwei Jahre	eine Firma	zwei Firmen
eine Hand	zwei Hände	ein Museum	zwei Museen
eine Stadt	zwei Städte	ein Wort	zwei Wörter
ein Bild	zwei Bilder	eine Person	zwei Personen
ein Buch	zwei Bücher		
ein Dorf	zwei Dörfer		
ein Ei	zwei Eier		

1. Schriftliche Übung: 위에 등장하는 명사의 복수형을 어미(語尾, Endung)의 형태에 따라 분류해 보자.

-형	-형	-형	-형	-형	-형

명사의 복수형 어미를 분류하면서 어떤 규칙성을 발견했는가? 규칙성을 발견했다면 그것은 무엇인가 말해보자.

....

....

....

....

2. Mündliche Übung: Bilden Sie einen Dialog wie im Beispiel.

   A: Nur ein Mann?

   B: Nein, zwei Männer.

ein Mann	eine Frau
ein Haus	eine Wohnung
ein Auto	ein Buch
ein Sohn	eine Tochter
ein Enkelkind	

Nein, ich habe zwei Enkelkinder.

3. Mündliche Übung: Bilden Sie einen Dialog wie im Beispiel.

   A: Zwei Männer?

   B: Nein, nur ein Mann.

Test zur Selbstkontrolle

(Diktat-und Hörtexte S.275)

 Diktat: Mein Name ist Kim Boram

> **Neue Wörter :**
> die Wohnung, das Mehrfamilienhaus, die Bäckerei, die Station, –en

....

....

Schriftlicher Ausdruck

1. Wie lauten die Fragen?

   a. .... wohnt Boram? – In der Effnerstraße 1.

   b. .... hat sie ihre Wohnung? – Im zweiten Stock.

   c. .... ist ein Schalter? – Hier ist einer.

   d. .... kann man einschalten? – So kann man ein- und ausschalten.

   e. .... komme ich zum Supermarkt? – Fahren Sie mit der U-Bahn. Drei Stationen von hier

   f. .... hast du in der Wohnung? –Alles, ich habe alles zum Wohnen.

2. Beschreiben Sie, was Sie in Ihrem Zimmer haben.

....

....

....

Hörverstehen — Ich habe ein Zimmer

Sie hören den Hörtext zweimal und antworten Sie auf die Fragen.

Fragen zum Dialog.

1. Was hat Natasia in ihrem Zimmer?

Was?	Ja oder nein
ein Bett	
ein Bad	
eine Toilette	
eine Küche	

2. Was kostet das Zimmer monatlich?

3. Was ist eine gemeinsame Küche?

4. Ist Natasia mit dem Zimmer zufrieden?

Kapitel 3
Am Morgen

Kapitel 3 Am Morgen

낯선 도시, 낯선 집, 낯선 침대에서 하루 밤을 자고 난 보람은 그 다음날 어떻게 아침 시간을 보냈을까?

LESETEXT 1 Morgenszene 1

보람은 아침 침대에서 눈을 뜬다. 그녀는 생각한다, 여기가 독일이구나. 한참 누워있다가 자리를 박차고 일어난다. 정신을 차리기 위해서 샤워를 한다. 그녀는 혼자 말로 말한다, 배가 고픈데 뭘 먹어야지. 그녀는 부엌으로 가서, 어제 사가지고 온 빵과 잼과 소시지를 꺼냈다. 뮌헨의 소시지는 맛이 어떨까? 보람은 천천히 아침식사를 한다. 그녀는 작은 빵 두 개와 소시지를 먹고 커피를 마신다.

1. **Schriftliche Übung:** 다음에 나오는 독일어 단어는 위 한글 텍스트의 밑줄 친 어느 단어와 같은지 골라보자.

   a. aufwachen ....

   b. denken ....

   c. aufstehen ....

   d. duschen ....

   e. sich sagen ....

   f. frühstücken ....

   g. Kaffee trinken ....

2. Schriftliche Übung: ich를 주어로 해서 위에 나오는 동사를 문장으로 만들었다. 어떤 점이 눈에 띄는가?

    a. Ich wache auf.

    b. Ich denke.

    c. Ich stehe auf.

    d. Ich dusche.

    e. Ich sage mir.

    f. Ich frühstücke.

    g. Ich trinke Kaffee.

3. Schriftliche Übung: 위 문장의 주어를 Boram 으로 바꾸어서 문장을 써 보자.

> 1인칭 단수(ich)의 동사어미(…e)와 3인칭 단수(Boram)의 동사어미(……t)는 다르다.

    a. Ich wache auf. – Boram wacht auf.

    b. Ich denke. – _____

    c. Ich stehe auf.– _____

    d. Ich dusche.– _____

    e. Ich sage mir.– Boram sagt sich.

    f. Ich frühstücke.– _____

    g. Ich trinke Kaffee.– _____

아침 식사 후에는 무엇을 하지?

LESETEXT 2 **Morgenszene 2**

나는 한국에 사시는 부모님에게 핸디로 문자를 보낸다. 동생에게는 카카오톡으로 대화한다. 시내를 구경하기 위해서는 U-4 전철을 차고 가야한다. 지하철 정거장까지 걸어가서, 차표를 사고, 지하철을 타고 간다. 차표검사가 없다. 신기하다. 열차가 도착하고, 다른 사람들이 하는 것처럼 손잡이를 눌러 문을 연다. 방송이 들린다. "물러서십시오". 문이 닫힌 후 안내 방송이 나온다. "다음 정거장은 오데온 광장(Odeonsplatz)입니다". 나는 내려서 U-3로 갈아탄다. 한 정거장을 더 가서 마리아 광장(Marienplatz)에서 내린다.

1. Schriftliche Übung: 아래 나오는 독일어 단어가 위 한글 텍스트에 나오는 어느 단어와 같은지 골라보자.

   a. mit dem Handy texten ....

   b. eine Kakao-Talk Nachricht schreiben ....

   c. die U-4 nehmen ....

   d. zu Fuß gehen ....

   e. eine Fahrkarte kaufen ....

   f. mit der U-Bahn fahren ....

   g. zurückbleiben ....

   h. nächster Halt-Odeonsplatz . ...

   i. in die U-3 umsteigen . ...

   j. am Marienplatz aussteigen ....

2. Schriftliche Übung: 위에 나오는 동사를 가지고 두 개의 주어 ich, Boram으로 문장을 만들어 보자.

a. Ich _____ mit dem Handy. – Boram textet mit dem Handy.

b. Ich schreibe eine Kakao-Talk Nachricht. – Boram _____ eine Kakao-Talk Nachricht.

c. Ich _nehme_ die U-4. – Boram nimmt die U-4.

d. Ich gehe zu Fuß. – Boram _____ zu Fuß.

e. Ich _____ eine Fahrkarte. – Boram kauft eine Fahrkarte.

f. Ich _fahre_ mit der U-Bahn. – Boram fährt mit der U-Bahn.

g. Ich steige am Odeonsplatz um.– Boram _____ am Odeonsplatz um.

h. Ich _____ am Marienplatz aus.– Boram steigt am Marienplatz _____.

Konjugation
동사의 인칭변화

동사의 기본형을 우리는 부정형 Infinitiv이라 부른다. 동사에는 인칭변화를 하더라도 특별한 경우를 제외하고 변하지 않는 어간 Stamm부분과, 인칭변화를 하면서 주어에 따라 변하는 어미 Endung가 있다.

lieben 사랑하다

$$\text{lieb} - \text{en}$$
Stamm − Endung
어간(語幹) − 어미(語尾)

여러분은 영어를 배울 때, 동사가 3인칭 단수일 때 −s/−es등으로 변하는 것을 배웠을 것이다. 굳이 설명하자면, 영어는 이러한 동사의 어미가 퇴화해서 이제 3인칭 단수에만 그 흔적이 남아있다고 볼 수 있다. 독일어에서는 인칭에 따라 어미가 매번 바뀐다. 이것은 독일어 문법이 라틴어 문법을 흉내 내면서 발전했기 때문이다.

동사 lieben을 인칭에 따라 변화시켜보자.

Ich liebe Anna. Anna liebt mich nicht.
나는 안나를 사랑한다. 안나는 나를 사랑하지 않는다.

Du liebst Elisabeth. Elisabeth liebt dich auch.
너는 엘리자베트를 사랑한다. 엘리자베트도 너를 사랑한다.

Liebt ihr eure Eltern?
너희들은 너희들 부모님을 사랑해?

Ja, natürlich. Wir lieben unsere Eltern.
그럼, 물론이지. 우리는 우리 부모님을 사랑해.

Unsere Eltern lieben uns auch.
우리 부모님도 우리를 역시 사랑해.

Landeskunde

언어의 분류

	INDO-EUROPEAN				
(Slavic)		Germanic		(Latin)	
		Anglo-Saxon			
Scandin.	Dutsch	German	English	(French)	Italien.	Span.

독일어Deutsch는 인도 유럽어족에 속하고 그 아래 분류에서는 게르만어군에 속한다.
영어Englisch는 같은 인도 유럽어족이고 게르만어군이지만, 라틴어족인 프랑스어의 영향을 많이 받았다.

1. Schriftliche Übung: (조금은 부자연스러운 문장이기는 하지만) 위에 나오는 문장에 있는 주어와 동사와 목적어를 찾아보자. 그리고 다음 도표를 완성해 보자.

누가?	lieben	누구를?	어떻게?
ich	liebe	Anna.	

Wortschatz

lieben   v.   1. jemanden lieben, 어떤 사람에게 사랑을 느끼다, mögen, schätzen ↔ hassen
2. zwei Personen lieben sich. 두 사람이 서로 좋아하다, 사랑하다 ↔ hassen
3. etwas lieben 무엇에 강렬한 관계를 가지다, den Frieden lieben 평화를 사랑하다
4. etwas lieben 무엇을 좋아하다, etwas sehr gern haben / Sie liebt Hunde. 그녀는 개를 좋아한다./ Er liebt Sonne. 그는 햇빛을 좋아한다.
5. zwei Personen lieben sich, 성행위를 하다, miteinander schlafen, Geschlechtsverkehr haben

die Liebe 사랑 / **der Liebesbrief** 연애편지 / **der Liebeskummer** 사랑의 괴로움
das Liebespaar   사랑하는 남자와 여자
das Liebesspiel   섹스를 하기 전 남녀 사이의 애정표현, 키스나 애무
liebevoll   adj. 도와주고 위해 주는 마음, 사랑스러운
lieb haben   v. (누구를) 좋아하다, 사랑하다

der Liebhaber   1. 미술, 음악 등의 애호가
2. 결혼한 여자와 성적인 관계를 가진 외간 남자 3. 섹스 파트너

liebkosen   v. (누구를) 애무하고 입을 맞추다
lieblich   adj. 1. 사랑스러운 2. 향기, 노래, 음악이 부드럽거나 듣기 좋은 3. (포도주의 맛이) 달콤한
der Liebling   남편이나 아내, 또는 아이를 부르는 말, Schatz
Lieblings-   좋아하는 -   Lieblingsfarbe 좋아하는 색깔 / Lieblingsmaler 좋아하는 화가 / Lieblingskomponist 좋아하는 작곡가

lieblos   adj. 사랑이 없는
die Liebschaft   사랑이 없는 육체적 관계

kommen aus를 가지고 문장을 만들어 보자.

> **Ich komme aus Seoul. 나는 서울 출신이다.**
> Du kommst aus Istanbul.
> Marie kommt aus Riga.
>
> Wir kommen aus Asien.
> Ihr kommt aus Europa.
> Max und Jennifer, sie kommen aus Nordamerika.

독일어 동사는 거의 공통적으로 인칭변화를 한다. 그러나 형식상으로 볼 때 여러가지의 변형이 있다.

1. 규칙적으로 어미만 바뀌는 경우

	kommen 오다	denken 생각하다	schreiben (무엇을) 쓰다
ich	komme	denke	schreibe
du	kommst	denkst	schreibst
er/sie/es	kommt	denkt	schreibt
wir	kommen	denken	schreiben
ihr	kommt	denkt	schreibt
sie	kommen	denken	schreiben

2. 어미가 약간 변하는 경우: 어간의 마지막이 d,t,ß 등으로 끝나는 경우

	arbeiten 일하다	heißen -라고 불리다	einladen (누구를) 초대하다
ich	arbeite	heiße	lade … ein
du	arbeitest	heißt	lädst …ein
er/sie/es	arbeitet	heißt	lädt …ein
wir	arbeiten	heißen	laden …ein
ihr	arbeitet	heißt	ladet…. ein
sie/Sie	arbeiten	heißen	laden ein

3. 단수 2인칭과 3인칭에서 어간이 변형하는 경우

	fahren 타고 가다	essen 먹다	helfen 도와주다
ich	fahre	esse	helfe
du	fährst	isst	hilfst
er/sie/es	fährt	isst	hilft
wir	fahren	essen	helfen
ihr	fahrt	esst	helft
sie/Sie	fahren	essen	helfen

4. 어간까지 변하는 경우

	sein (무엇, 누구)이다	haben (무엇을) 가지고 있다	werden (무엇이)되다
ich	bin	habe	werde
du	bist	hast	wirst
er/sie/es	ist	hat	wird
wir	sind	haben	werden
ihr	seid	habt	werdet
sie/Sie	sind	haben	werden

나중에 배우게 되는 화법동사 Modalverben wollen, müssen, können, sollen, mögen, dürfen는 모두 이와 같은 불규칙한 인칭변화를 한다.

이렇게 복잡한 규칙을 어떻게 할 것인가? 다 외워야 하나? 아니다, 걱정할 것 없다. 이런 동사가 사용될 때 마다 자세히 듣고 따라 하다 보면 자연스럽게 익숙해질 것이다. 한번에 다 마스터하려고 하지 마라.

5. 또 다른 변형을 하는 경우

	wissen (무엇) 알다	müssen 반드시 해야한다	wollen 무엇을 원한다
ich	weiß	muss	will
du	weißt	musst	willst
er/sie/es	weiß	muss	will
wir	wissen	müssen	wollen
ihr	wisst	müsst	wollt
sie/Sie	wissen	müssen	wollen

Landeskunde

라틴어 인칭변화 이야기

독일어 공부를 하는 많은 학생들이 처음으로 만나는 고비가 아마도 동사의 인칭변화일 것이다. 물론 그 규칙이 복잡하다. 이런 생각을 하는 학생들을 위해서 위로가 되는, 더 복잡한 라틴어 인칭변화를 소개해 본다.

laudo는 <칭찬하다, 찬양하다>라는 뜻이 있는 동사이다.

이 동사는 단수 1인칭 laudo, 2인칭 laudas, 3인칭의 laudat, 복수 1인칭 laudamus, 복수 2인칭 laudatis, 복수 3인칭 laudant 로 변화하고, 단수 2인칭에 대한 명령형 lauda, 복수 2인칭에 대한 명령형 laudate까지 합하면 모두 8개의 인칭변화를 한다.

더 기가 막히는 것은 동사에 주어가 포함되어 있다는 사실이다.
Laudamus. 우리는 찬양한다.
Laudate. 너희들은 찬양하라.

다음 문장의 구조도 살펴보자.
Cogito, ergo sum. 나는 생각한다, 그러므로 나는 존재한다.
Ora et labora. (너는) 기도하라 그리고 일하라.

LESETEXT 3 Wir haben

Ich habe eine Familie: Vater, Mutter, Geschwister.
Ich habe Freunde, Feinde, Bekannte.
Wir haben Hunger und Durst.
Wir haben Kopfschmerzen und Fieber.
Wir haben wenig Zeit und nicht genug Geld.
Manchmal haben wir Glück, und manchmal haben wir Pech.
Und jetzt haben wir Unterricht.

Worterklärung

Geschwister	<das,–> Bruder und Schwester		**Kopfschmerzen**	pl. 두통
Freund	<der,-e> 친구		**Fieber**	<das> 열
Feind	<der, -e> 적		**Zeit**	<die> 시간
Der Bekannte/die Bekannte	아는 남자/아는 여자		**Geld**	<das> 돈
Hunger	<der> 배고픔		**Glück**	<das> 행운
Durst	<der> 목마름		**Pech**	<das> 불운
Schmerz	<der,-en> 통증		**Unterricht**	<der> 수업

1. Mündliche Übung: Antworten Sie wie im Beispiel.

> **Haben Sie eine Familie?**
> **Ja, ich habe eine Familie.**

   a. Haben Sie einen Vater? ....

   b. Haben Sie eine Mutter? ....

   c. Haben Sie Geschwister? ....

   d. Haben Sie einen Großvater? ....

   e. Haben Sie eine Großmutter? ....

2. Mündliche Übung: Mündliche Übung: Antworten Sie wie im Beispiel.

> **Haben Sie eine Familie?**
> **Nein, ich habe keine Familie.**

   a. Haben Sie einen Vater? ....

   b. Haben Sie eine Mutter? ....

   c. Haben Sie Geschwister? ....

   d. Haben Sie einen Großvater? ....

   e. Haben Sie eine Großmutter? ....

Landeskunde

Haben Sie eine Familie? Hast du eine Familie? 여러분은 이 질문에 어떻게 대답하려고 하는가? 가장 쉬운 대답은 Ja, ich habe eine Familie. 일 것이다. 그러나 이런 대답은 미성년자에게 해당이 되는 대답이다. 장성한 사람에게 가족이 있느냐 라는 질문은 배우자가 있느냐, 나아가서 자녀가 있느냐라는 것을 묻는 질문이다.

Familie는 아주 전통적인 가족형태, 법적으로 결혼한 부모와 그 사이에 태어난 자녀로 구성된 혈연공동체를 말한다. 그러나 오늘날처럼 다양한 가족 구성원이 어울러져 사는 경우에 이런 질문은 조심스러울 수 밖에 없다.

혼인여부를 쉽게 구분하는 방법은 간단하다. 크리스마스 때 가족모임에 가는 사람은 법적인 가족이고, 가지 않는 사람은 가족이 아니다. 언제부터인가 가족에 자녀의 수가 적어지고, 아이 없이 부부만 살아가는 가구가 많아지면서 애완동물이 가족으로 여겨지고 있다. 이런 현상은 이제 우리나라에서도 흔히 볼 수 있게 되었다.

3. Mündliche Übung: Fragen und antworten Sie frei.

Haben Sie Zeit?

– Ja, ich habe viel Zeit.
 Ja, ich habe immer Zeit.
 Ja, für Sie habe ich immer Zeit.
 Ja, ich habe Zeit, aber nicht viel.
 Nein, ich habe keine Zeit.

Haben Sie Geld?

– Ja, ich habe viel Geld.
 Ja, ich habe viel Geld. Aber warum?
 Ja, aber nicht genug.
 Nein, aber warum?

LESETEXT 4 So leben Menschen in Deutschland

So häufig allein, wie unsere Grafik zeigt.

41% allein

30% 2 Erwachsene

10% 2 Erwachsene mit einem Kind

9% 2 Erwachsene mit zwei Kindern

4% 1 Erwachsener mit einem Kind

3% 2 Erwachsene mit drei Kindern

2% 1 Erwachsener mit zwei Kindern

1% 3 Erwachsene

1. Schriftliche Übung: Ergänzen Sie den Satz.

> **Wie Menschen in Deutschland leben.**

Einundvierzig Prozent der Deutschen leben ……………………

Dreißig Prozent der deutschen Bevölkerung lebt zu zweit, und zwar zwei ……………………

Dann kommen zwei Erwachsene mit einem oder mit zwei Kindern. Das sind nur …………………… Prozent der Menschen in Deutschland.

Es gibt auch Familien, in denen ein …………………… mit einem oder mit zwei Kindern lebt. Das heißt, Vater oder Mutter allein mit einem Kind oder mit zwei Kindern. Das bilden …………………… Prozent der Deutschen.

Eine ganz normal aussehende Familie, in der Eltern mit drei Kindern leben, ist eine Seltenheit. Das sind nur …………………… Prozent.

Und die letzte Gruppe. Drei …………………… leben in einer Familien zusammen. Das sind nur …………………… Prozent der ganzen Deutschen.

Erwachsene, allein, neunzehn, Erwachsener, sechs, sieben, drei, ein

2. Mit wie vielen Menschen leben Koreaner zusammen? Suchen Sie nach Statistiken im Internet und diskutieren Sie in der Klasse.

Konjugation poetisch – Konkrete Poesie

ich gehe
du gehst
er geht
sie geht
es geht
Geht es?
Danke – Es geht.

Rudolf Steinmetz

Fragen

ich frage
du fragst
er fragt
sie fragt

Wer ....?

Z a h l e n
수

기수와 서수를 배워보자.

Landeskunde

Sprache und Zahl

언어는 일차적으로 말 gesprochene Sprache을 통해 의사가 전달된다. 그 다음에는 문자 geschriebene Sprache (Schrift)를 통해 시각적으로 고정화된다. 이 외에도 생각을 전달하는 도구로 그림 Bilder이나 표식 Zeichen이 있다. 그리고 우리가 일상생활에서 아주 많이 사용하는 숫자 Zahlen도 중요한 의사표현의 도구이다.

초기 인간은 자연수 natürliche Zahlen만을 사용했다. 기원전 2000년 에집트인과 바빌로니아인들은 분수 Bruchzahl (1/3=0,3333……)를 사용했고, 기원전 4세기 그리스인들은 비이성적인 숫자인 무리수 irrationale Zahlen (root 2, root 5…)를 발견했다. 7세기에는 인도인들이 숫자 0과 음수 negative Zahlen (-10…)를 사용하기 시작했다.

Kardinalzahl 기수

지금까지 배운 숫자는 모두 기수이다. 복습해 보자.

1-10
eins, zwei, drei, vier, fünf, sechs, sieben, acht, neun, zehn

10-100
zehn, zwanzig, dreißig, vierzig, fünfzig, sechzig, siebzig, achtzig, neünzig, einhundert

이것은 기본적인 수의 명칭이다. 다음부터 배우는 것은 응용이다. 물론 반드시 어떤 규칙이 다 지켜지는 것은 아니다. 그러나 기본적인 숫자의 명칭은 늘 거기에 있다.

11-20
elf, zwölf, dreizehn, vierzehn, fünfzehn, sechzehn, siebzehn, achtzehn, neunzehn, zwanzig

21-30
einundzwanzig, zweiundzwanzig, dreiundzwanzig, vierundzwanzig, fünfundzwanzig, sechsundzwanzig, siebenundzwanzig, achtundzwanzig, neunundzwanzig, dreißig
….

101-199
einhunderteins, einhundertzwei,……… einhundertzehn, einhundertelf, einhundertzwölf, einhundertdreizehn……….einhundertzwanzig, ……einhundertneunundneunzig

200-999
zweihundert, zweihunderteins, zweihundertzwei........, dreihundert ...., neunhundertneunundneunzig

1000-9999
eintausend, eintausendeins, ...neuntausendneunhundertneunundneunzig

10000
zehntausend

1. **Schriftliche und dann mündliche Übung:** Hören Sie Zahlen und schreiben Sie sie.

0 null	
1 eins	11 elf
2	12 zwölf
3	13
4	14
5	15
6	16
7	17
8	18
9	19
10 zehn	20

2. **Mündliche Übung:** Lesen Sie die folgenden Kraftfahrzeugkennzeichen laut.

a. B AB 132   Be Aa Be eins drei zwei

b. HH XB 007   ....

c. HB KL 99   ....

d. F AR 1882   ....

e. K SS 1749   ....

f. MTK O 882   ....

3. **Mündliche Übung:** Lesen Sie die Telofon- und Handynummern und schreiben Sie sie.

   a. 089 26533   Null acht neun zwei sechs fünf drei drei

   b. 0177 512 7121 Null eins sieben sieben fünf eins zwei sieben eins zwei eins

   c. 0179 363 8945   ....

4. **Mündliche und dann schriftliche Übung:**

   Das ist eine internationale Telefonnummer. Wenn man von Deutschland aus nach Korea telefoniert, wählt man zum Beispiel 00-82-43-232-0825.
   Also 00 für Auslandsgespräch, 82 für Südkorea, 43 für Cheongju, 232-0825 für Privattelefonnummer.
   Lesen Sie folgende Telefonnummern. Und dann umgekehrt. Hören Sie die Telefonnummern und schreiben Sie sie auf.

   a. 0082 2 8868 6869   Null null- acht zwei- zwei- acht acht sechs acht- sechs acht sechs neun

   b. 0082 10 5291 7770 ....

   c. 0049 177 512 7121 ....

   d. ....

   e. ....

   f. ....

5. Mündliche und dann schriftliche Übung:
   Das sind die Adressen mit der Hausnummer und der Postleitzahl.

Mönkesweg 49	Mönkesweg neunundvierzig
40670 Meerbusch	vier null sechs sieben null Meerbusch
Am Hangelstein 10	Am Hangelstein zehn
65812 Bad Soden im Taunus	sechs fünf acht eins zwei Bad Soden im Taunus

   Fragen Sie Ihre Partner nach ihren Adressen und schreiben Sie sie auf.

   a. Ihre Adresse

   ....

   b. Adresse Ihres Freundes oder Ihrer Freundin

   ....

   c. Adresse des Sprachinstituts

   ....

   d. Adresse Ihrer Eltern

   ....

   e. ....

   * 도시이름 앞의 5자리 숫자는 우편번호 Postleitzahl이다.

6. Lesen Sie Tabelle mit Buchstaben und Zahlen.:

A	B	C	D	E	F	G	H	I	J	K	L	M	N
1	2	3	4	5	6	7	8	9	10	11	12	13	14

O	P	Q	R	S	T	U	V	W	X	Y	Z
15	16	17	18	19	20	21	22	23	24	25	26

Fragen Sie und antworten Sie mit Zahlen.

a. Woher kommst du?

– Ich komme aus zwei-fünfzehn-vierzehn-vierzehn. (B O N N)

Seoul, Beijing, Tokio, Manila, Ho-Chi-Min, Neu-Delhi…

Berlin, Hamburg, Bremen….

London, Paris, Madrid, Rom……

숫자의 사용범위는 매우 넓다. 모든 도량형은 숫자로 표시한다. 몇가지 예를 들어보자.

Wie alt bist du?   너는 몇 살이니?

Zweiundzwanzig. Ich bin 22 Jahre alt.   나는 스물 두살이다.

Wie viele Zimmer hat deine Wohnung? 네 집에 방이 몇 개지?

Zwei Zimmer. Ein Wohnzimmer und ein Schlafzimmer. 두 개. 거실과 침실.

Wie groß ist deine Wohnung? 네 집이 얼마나 넓어?

66 Quadratmeter. 66평방미터야.

Wie groß ist Anna? 안나의 키는 얼마지?

Anna ist ein Meter siebzig groß. 안나는 1미터 70이야.

Sie ist 46 Kilogramm schwer. 그녀의 몸무게는 46킬로그램이고.

Um wieviel Uhr beginnt der Unterricht? 수업은 몇 시에 시작하지?

Um 9 Uhr.   9시.

Weisst du die Abfahrtszeit des ICE nach Mailand? 너 밀라노행 유럽특급열차 출발시간 아니?

Um dreizehn Uhr zwanzig, Gleis 12.   13시 20분, 12번 홈이야.

Ordinalzahl
서수

이것은 <몇 번째>라는 순서의 표현이다.

서수는 기수에 –t oder – st를 붙이면서 그것이 서수임을 나타낸다.

1부터 19까지는 기수에 –t를 붙이고, 20이상의 숫자에는 –st를 붙인다. 숫자에 그것이 서수임을 나타내기 위해서 마침표를 찍는다.

> 1. Adventssonntag → erster Adventssonntag 첫 번째 대강절 주일
> 15. Geburtstag → fünfzehnter Geburtstag 열 다섯 번째 생일

1.–19.

1. erst 2. zweit 3. dritt 4. viert 5. fünft 6. sechst 7. siebt 8. acht 9. neunt

10. zehnt 11. elft 12. zwölft 13. dreizehnt 14. vierzehnt 15. fünfzehnt

16. sechszehnt 17. siebzehnt 18. achtzehnt 19. neunzehnt

....

20.–

20. zwanzigst 21. einundzwanzigst 22. zweiundzwanzigst 23. dreiundzwanzigst

....

100.–

100. hundertst 101. hunderterst 102. hundertzweit 103. hundertdritt

서수를 사용할 때

1. 일반적으로 <몇 번째 ...>라는 표현

Die erste Olympiade in Athen 1896. 아테네에서 1896년에 열린 제 1회 올림픽 대회

Monika ist seine zweite Tochter. 모니카는 그의 두 번째 딸이다.

Das ist die dritte Ausfahrt. 이것이 세 번째 출구이다.

2. <몇 세기>라는 표현

Im 20. Jahrhundert erlebte die Menschheit zwei Weltkriege. (Im zwanzigsten Jahrhundert ...) 20세기에 인간은 두 번의 세계전쟁을 경험했다.

Im 15. Jahrhundert vor Christus war die Blütezeit von Ägypten. (Im fünfzehnten Jahrhundert vor Christus .....) 기원전 15세기는 에집트인들의 전성기였다.

3. 날짜와 달의 표현

물론 달에는 고유명사가 있지만 우리말처럼 숫자로 달을 표현할 때는 서수를 쓴다.

der 3.11. der dritte elfte oder der dritte November

3.11. dritter elfter, dritter November

am 25.12. am fünfundzwanzigsten zwölften

25.12. fünfundzwanzigster zwölfter

1. **Mündliche und dann schriftliche Übung:**
Schreiben Sie die Geburtsdaten und sprechen Sie sie aus.

   a. 29.10. Enkelkind

   Neunundzwanzigster zehnter, da hat mein Enkelkind Geburtstag.

   b. 12.8. Oma

c. mein Geburtstag

....

d. Vaters Geburtstag

....

e. Muttis Geburtstag

....

2. **Mündliche und dann schriftliche Übung:**
   Sammeln Sie Geburtsdaten Ihrer Freunde. Sprechen Sie sie aus und schreiben Sie sie auf.

   a. Nicole: ....

   b. .... : ....

   c. .... : ....

   d. .... : ....

   e. .... : ....

   f. .... : ....

Uhr

시간을 재는 도구로서의 시계 Uhr는 인간의 역사에 큰 의미가 있다. 시계는 천문학 연구의 산물이지만 자연의 법칙을 연구하는 학자들의 공학적 발명품이다. 고대인들은 해시계 Sonnenuhr, 물시계 Wasseruhr를 사용했지만, 10세기에는 촛불시계 Kerzenuhr를 만들었고, 14세기에는 Nürnberg, Venedig에 모래시계 Sanduhr를 사용한 기록이 있다. 1450년경에는 Wien에 시계제조공 조합이 활동했다는 기록이 있다.

체코공화국의 프라하 Prag 구시청사 벽면에 있는 천문시계 Astronomische Uhr

1409년 카를 대학의 수학 천문학 교수 Johannes Schindel의 설계

1410년 시계제조공 Nikolaus von Kaaden 최초 시계 제작

1419년 Peter Parler 시계 주변 석물과 조각 설치

1490년 시계제조공 Meister Hanus와 그의 조수 Jakob Zech의 대대적 수리 및 추가 작업

1552년 고장난 시계를 Jan Taborsky가 수리함

Zeit
시간의 표현

시간을 표현하는 방법은 크게 두 가지가 있다.
<몇시 몇분>과 <몇 시 반>, <몇 분 전>

열차시간 약속시간

첫 번째는 먼거리를 운행하는 비행기나 열차 등 시간표시에 오해가 생길 가능성이 있을 경우에는 현지시간으로 <몇시 몇분>이라고 표현한다. 예를 들어 비행기 출발 시간은 (현지시간) 13시 40분, 도착시간도 (현지시간) 20시 15분 등으로 표현해야 오해의 소지가 적어진다.

두 번째는 일상생활에서 친구와 약속을 하는 경우에는 <몇 시 반>, <몇 분 전> 같은 표현을 한다. 30분일 경우 <반 halb>이라고 하고, 15분일 때는 <1/4>, 즉 <Viertel>이라고 한다. 10분 전, 10분 후라는 표현도 쓴다.

9시 25분 – neun Uhr fünfundzwanzig

14시 30분 – vierzehn Uhr dreißig

19시 10분 – neunzehn Uhr zehn

8시 30분 – halb neun

12시 30분 – halb eins

10시 10분 – zehn nach zehn

15시 50분 – zehn vor vier

10시 45분 – Viertel vor elf

3시 15분 – Viertel nach drei

....

Wortstellung 단어 순서

문장에서 단어의 순서

주어 (또는다른 요소)	동사 1	주어 (또는 다른 요소)	동사 2
Die Maschine	fliegt	um 13 Uhr 30	ab.
Um 13 Uhr 30	fliegt	die Maschine	ab.

DER BLAUE PLANET Band 1

1. **Schriftliche Übung** Bilden Sie einen neuen Satz mit Uhrzeiten.

    a. Ich wache auf. (07:00)
    Ich wache um 7 Uhr auf.
    Um sieben Uhr wache ich auf.

    b. Ich stehe auf. (07:30)

    c. Ich dusche. (07:45)

    d. Ich frühstücke. (08:15)

    e. Ich esse zwei Brötchen. (08:15)

    f. Ich trinke Kaffee. (08:30)

Wochentage 요일

Montag, Dienstag, Mittwoch, Donnerstag, Freitag, Samstag, Sonntag
월요일, 화요일, 수요일, 목요일, 금요일, 토요일, 일요일

Kalender

우리가 현재 사용하고 있는 달력은 고대 로마 달력(1년 355일)에서 시작되어, 기원전 46년에 로마 황제 Julius Caesar가 만든 Julianus Kalender (1년 365,25일)로 발전했고, 그 후 16세기 교황 그레고리아누스 13세는 율리아누스 달력을 수정해서 그레고리아누스 달력 Gregorianus Kalender (1년 365,2425일)을 만들었다. 달력에는 월 이름 Monatsname, 요일이름 Wochentage 등 천문학적인 명칭이 나와 있다.

16세기 만들어진 그레고리아누스 달력은 우선 베니스와 신성로마제국에서 사용되다가 그 후 바로 스페인과 포르투갈에 전파되었다. 미국은 1867년 국토의 일부였던 알라스카에서 시작되어 본토로 퍼졌고, 1873년에는 일본으로, 1918년에는 소비엣연방으로, 마지막으로 1949년에는 중국에 전해져서 이 기준이 적용되고 있다. 우리나라는 1910년 한일합방이 되면서 이 달력을 사용하고 있다.

참고로 독일의 요일이름은 바빌로니아 달력에서 시작된 로마력에서 따왔다. 물론 로마신의 이름은 게르만 신화에 나오는 이름으로 바꾸었다. 독일식 요일이름의 뜻을 알아보자.

Montag – 달 (Mond)에게 바친 날

Dienstag – 군사신 Ziu에게 바친 날

Mittwoch – 오딘 Odin과 보단 Wodan의 날. 일주일의 한가운데 날 Mitte der Woche

Donnerstag – 뇌신 Donner에게 바친 날

Freitag – 풍요의 여신 Freyja에게 바친 날

Samstag/Sonnabend – 토성 Saturn에게 바친 날. 일요일 전날, 안식일 Sabbatstag

Sonntag – 태양신 Sonnengott 에게 바친 날, 그리스도 부활의 날

그러면 일주일의 첫날은 어느 날인가?

그레고리아누스 달력에서는 일주일의 첫날을 일요일이라고 했다. 독일의 천문학자들이 독일산업규정 DIN, Deutsche Industrienorm을 정하면서 구동독은 1969년부터, 구서독은 1976년부터 월요일을 첫날로 정했다. 유엔 UNO은 1976년부터 전세계적으로 월요일을 주의 첫날로 선포했다. 그러나 영국과 아메리카 대륙의 나라들은 유대인 전통과 기독교 전통에 따라 여전히 일요일을 첫날로 지킨다. 주말 Wochenende은 토요일과 일요일 이틀을 말한다.

달 이름 Monatsname은 어떤가?

Januar – 머리에 얼굴이 두 개 있어 과거와 미래를 통찰하는 야누스 Janus 신에게 바친 달

Februar – 로마달력의 마지막 달. 악신으로부터 보호하기 위해 대청소를 하던 축제 Februa에서 유래한 달

März – 군신 Mars에게 바친 달

April – 지구에 개방된 달

Mai – 성장의 신 Jupiter Majus에게 바친 달

Juni – 여신 Juno에게 바친 달

Juli – 로마의 장군 Gajus Julius Cäsar를 기념하는 달

August – 로마의 초대황제 Augustinus (본명 Gaius Octavianus)를 기념하는 달

September – 원래는 7 (septem)번째 달. Julius, Augustus 때문에 두 달씩 뒤로 밀려남

Oktober – 원래는 8 (octo) 번째 달

November – 원래는 9(novem)번째 달

Dezember – 원래는 10(decem)번째 달

1. **Aufgabe:** 독일어와 영어와 한글의 요일 명칭 사이에 어떤 공통점이 있는지 알아보자.

Jahreszeiten 계절

| der Frühling 봄 | der Sommer 여름 |
| der Herbst 가을 | der Winter 겨울 |

날씨에 대해 묻고 대답하기

Wie ist das Wetter?
Es ist schön. Die Sonne scheint. 날씨가 좋다. 햇빛이 난다.
Es regnet. 비가 온다.
Es schneit. 눈이 온다.
Es ist windig. 바람이 분다.
Es ist kalt. 춥다.
Es ist warm. 따뜻하다.
Es ist heiß. 덥다.
Das Wetter ist wechselhaft. 날씨가 변덕스럽다.

Dialog 1 Wie wird wohl das Wetter morgen sein?

A: Wie wird wohl das Wetter morgen sein?

B: Es wird wohl regnen.

C: Es wird bestimmt regnen.

B+C: Es wird nicht besser werden.

1. Mündliche Übung   Wie wird das Wetter?

> regnen, schneien, besser werden, nicht besser werden
> schön werden, schöner werden, nicht schöner werden ....

a. Es wird wohl ....

b. Es wird bestimmt ....

c. Es kann ....

d. Es kann auch ....

2. **Mündliche und dann schriftliche Übung:** Wie ist das Wetter in Berlin?

> sonnig, windig, neblig, wolkig, freundlich, nicht freundlich,
> schlecht, noch schön, regnerisch, wechselhaft..........................

a. Es ist ....

b. In Berlin ist es ....

c. Es ist ....

d. In Berlin ist es ....

e. Es ist ....

f. In Berlin ist es ....

Aber bald kommt die kalte Jahreszeit.

Tageszeiten
하루의 시간

Morgen	아침	Vormittag	오전
Mittag	정오	Nachmittag	오후
Abend	저녁	Nacht	밤
Mitternacht	자정		

Landeskunde

Good Morning! Guten Morgen! 차이

영어권에서는 오전 12시까지 아침인사 <Good morning!>을 하고 오후가 되어서 비로소 <Good afternoon!>을 하는데 비해서, 독일어권에서는 오전 9-10시경까지 <Guten Morgen!>으로 인사하고 일과가 시작된 후 10시 경부터 오후 퇴근 가까운 시간까지는 <Guten Tag!>으로 인사한다.

언어권에 따라서 인사하는 시간에 약간의 차이가 있다.

<wann?>이라고 물을 때 am Morgen, am Nachmittag 혹은 in der Nacht, mitten in der Nacht라고 하는데, 전치사 am oder in der를 붙인다.

감상 Beethoven 의 가곡 <Ich liebe dich>을 감상해 보자.

...vorvorgestern - vorgestern - gestern - heute - morgen - übermorgen - überübermorgen...
...그끄저께　　－그저께　　－어제　－오늘　－내일　　　－모레　　　　－글피...

1. Schriftliche Übung: Was ist das?

   a. Heute ist morgen von ....

   b. Morgen ist morgen von ....

   c. Gestern ist morgen von ....

   d. Heute ist gestern von ....

   e. Morgen ist gestern von ....

   f. Gestern ist gestern von ....

sein 동사의 과거인칭변화

ich war		wir waren
du warst		ihr wart
er		
es	war	sie /Sie waren
sie		

2. Mündliche Übung: Fragen Sie frei!

a.
Wo warst du gestern?	Zu Hause.
Wo warst du gestern früh?	Im Olympiapark.
Wo warst du gestern Abend?	Im Theater.

b. ....
....
....

c. ....
....
....

gestern	früh
	Morgen
	Vormittag
heute	Mittag
	Nachmittag
morgen	Abend

내일 아침을 morgen Morgen이라고 말할 수 있을까? 문법규칙으로 보면 그렇게 할 수 있어야 한다. 그러나 실제에는 발음상의 혼동을 막기 위해서 morgen früh 라고 말한다.

말하는 시점을 기준으로 이미 지나간 과거에 대해서 말하면 <Wo warst du....? 너는 ..... 어디 있었니?>로 묻는다. 말하는 시점을 기준으로 현재나 미래에 일어날 것에 대한 질문은 <Wo bist du? 너 어디니?> <Wo bist du morgen Abend? 너 내일 저녁에 어디 있을거야?><Was machst du heute Nachmittag? 너는 오늘 오후에 뭐 할거니? > 가 된다..

Landeskunde

Du oder Sie?

독일어에는 상대를 부를 때 그 사람과 친소親疏의 차이(친한 사이인가 친하지 않은 사이인가)에 따라 상대를 <Sie>라고 부르기도 하고 <du>라고 부르기도 한다. 친한 사이는 가족 사이, 유치원이나 학교에서 같이 공부한 동창생 사이, 사회에서 만난 친한 친구 사이, 어른이 어린 아이에게, 기독교 신자가 하나님을 부를 때 등이다. 친하지 않은 사이는 성인과 성인 사이(아는 사람이건 모르는 사람이건), 성인이 장성한 학생이나 청년에게, 직장 동료 사이(아주 친한 사이를 제외하고) 등이다.

질문: 시어머니가 며느리에게, 며느리가 시어머니에게 어떻게 호칭하는가 알아보자.

감상: Johann Sebastian Bach: <Erbarme dich, mein Gott> aus <Matthäuspassion> 아리아 제목을 우리 말로 번역해 보자. 어떤 문화적인 어색함이 있는가? 왜 그런가?

3. Mündliche Übung: Führen Sie einen Dialog wie im Beispiel.

   A: Wo warst du gestern?
   B: Zu Hause. Gestern war ich zu Hause.

   im Kino 영화관에, im Theater 극장에, in der Stadt 시내에, im Park 공원에 .....

4. Mündliche Übung: Führen Sie einen Dialog wie im Beispiel.

   A: Was machst du morgen? Was machen Sie morgen?
   B: Morgen gehe ich spazieren.

   spazieren gehen 산보한다
   essen gehen 외식하러 간다
   ein Bier trinken gehen 맥주 한잔 마시러 간다
   zur Schule gehen 학교로 간다
   in die Bibliothek gehen 도서관으로 간다
   zum Sprachinstitut gehen 어학원으로 간다
   zu Freunden gehen 친구들한테 간다
   zum Hauptbahnhof gehen 중앙역으로 간다
   zum Flughafen gehen 공항으로 간다

5. Mündliche Übung: Bilden Sie einen sinnvollen Satz wie im Beispiel.

im Januar, im Februar, im März, im April, im Mai, im Juni, im Juli, im August, im September, im Oktober, im November, im Dezember	nach Hamburg fahren nach Nürnberg fahren nach Berlin fliegen nach Rom fliegen nach Madrid fliegen
im Frühling, im Sommer, im Herbst, im Winter	eine Italienreise machen eine Spanienreise machen eine Mittelmeerreise machen eine Frankreichtour machen eine Nordeuropareise machen

A: Was hast du im Sommer vor?
　 Was machen Sie im Winter?

B: Ich fliege nach Berlin.
　 Ich fahre nach Madrid.

Jahr sprechen 연도 말하기

1년부터 1099까지는 보통숫자처럼 읽는다. 영어처럼 in the year같은 표현은 필요 없다. 기원 전을 말할 때는 vor Christus, 기원 후를 말할 때는 nach Christus라고 말한다. 1100년대부터 1999년까지는 100단위를 끊어서 읽는다.
예를 들어 1101이면 11백 1, elfhunderteins,
1991년이라면 19백 91, 즉 neunzehnhunderteinundneunzig라고 한다.
2018년은 어떻게 말할까?
독일어는 그냥 2천 18, zweitausendachtzehn 이라고 하면 된다.

Jahrhundert 세기 말하기

역사적인 사건이 오랫동안 지속될 때는 한 개의 연도를 말하지 않고 <몇 세기> 라는 표현을 많이 하게 된다. 한 세기는 백년이다. 그래서 독일어식 표현은 100년 Jahrhundert이다. 1000년일 경우에는 Jahrtausend라고 한다. (우리말 번역은 무엇이 좋을까?) 세기는 서수로 표현한다.

21세기에　im einundzwanzigsten Jahrhundert
19세기에　im neunzehnten Jahrhundert
9세기에　 im neunten Jahrhundert

1. Mündliche und dann schriftliche Übung: Lesen Sie das Jahr.

> **Was passierte in dem Jahr? Raten Sie mal.**

a. 1348   Dreizehnundertachtundvierzig   (   )

b. 1440   ....   (   )

c. 1517   ....   (   )

d. 1618 bis 1648   ....   (   )

e. 1862   ....   (   )

f. 1914 bis 1918   ....   (   )

g. 1939 bis 1945   ....   (   )

h. 1949   ....   (   )

i. 1961   ....   (   )

j. 1990   ....   (   )

1) 프라하에 독일어권 최초의 대학이 설립되다.

2) 구텐베르크가 인쇄술을 발명하다.

3) 비텐베르크에서 루터가 종교개혁을 시작하다.

4) 신구교 사이에 30년 전쟁이 일어나다.

5) 비스마르크가 프로이센의 제상이 되다.

6) 세계 제1차 대전이 일어나다.

7) 세계 제2차 대전이 일어나다.

8) 독일땅에 2개의 나라가 세워지다.

9) 베를린에 장벽을 세우다.

10) 독일이 다시 통일되다.

2. Mündliche Übung: Lesen Sie die folgenden Sätze.

   a. 1348 wurde in Prag die erste Universität im deutschen Kulturraum gegründet.

   b. 1442 erfand Gutenberg die Druckkunst.

   c. 1517 begann Martin Luther in Wittenberg die Reformation.

   d. 1618 bis 1648 war der dreißigjährige Krieg zwischen Protestanten und Katholiken.

   e. 1862 wurde Bismarck Reichskanzler in Preußen.

   f. 1914 bis 1918 war der erste Weltkrieg.

   g. 1939 bis 1945 war der zweite Weltkrieg.

   h. 1949 wurden auf dem deutschen Boden zwei Staaten gegründet.

   i. 1961 wurde zwischen Ost- und Westberlin eine Mauer gebaut.

   j. 1990 wurde Deutschland wieder vereinigt.

3. Schriftliche und dann mündliche Übung:
   Schreiben Sie fünf bis sechs wichtige Ereignisse aus der koreanischen Geschichte auf. Lesen Sie sie vor.

   a. ....

   b. ....

   c. ....

   d. ....

   e. ....

   f. ....

4. Schriftliche und dann mündliche Übung:

Schreiben Sie die vier bis fünf wichtigsten Ereignisse der Weltgeschichte auf. Sagen Sie, was, wann und wo es sich ereignet hat.

a. ....

b. ....

c. ....

d. ....

e. ....

5. Schriftliche und dann mündliche Übung:

Schreiben Sie einen ganzen Satz wie im Beispiel.

a. Albert Einstein (1879–1955)
Albert Einstein lebte von achtzehnhundertneunundsiebzig bis neunzehnhundertfünfundfünfzig.

b. Heinrich Heine (1797–1856)

....

c. Friedrich Schiller (1759–1805)

....

d. Martin Luther (1483–1546)

....

e. Karl der Große (742–814)

....

6. Mündliche Übung: Bilden Sie einen freien Dialog.

   a. Sie wollen persönlich Herrn Schwarz im Büro sprechen.
      Die Sekretärin am Eingang sagt, sein Büro ist im dritten Stock, Zimmer 336.

   b. Sie wollen persönlich Herrn Vogel im Büro sprechen. Sein Büro ist im fünften Stock, Zimmer 598.

   c. Sie wollen persönlich Frau Himmel im Büro sprechen. Ihr Büro ist im 29. Stock, Zimmer 2906.

   d. Sie wollen persönlich Frau Hochnase im Büro sprechen. Ihr Büro ist im 59. Stock, Zimmer 5918.

7. Mündliche Übung: Was sagen Sie in diesem Fall? Sprechen Sie frei.

   a. Was braucht man, wenn es kalt ist?

   ....

   b. Es regnet viel. Ihr Freund will ausgehen. Was sagen Sie zu Ihrem Freund?

   ....

   c. Es ist Winter. Ein Kursteilnehmer aus Südamerika hat Probleme, weil es in München kalt ist. Was sagen Sie zu ihm?

   ....

   d. Die Klassenlehrerin spricht zu schnell. Sie verstehen nicht, was sie sagt. Was sagen Sie zu der Klassenlehrerin?

   ....

Test zur Selbstkontrolle

(Diktat-und Hörtexte S.276)

 Diktat : Ich bin in Seoul geboren.

Neue Wörter :
ein Angestellter, die Hausfrau, der Deutschkurs

....

....

Schriftlicher Ausdruck

1. Ergänzen Sie die Fragen und Antworten.

    a. .... Sprachen sprichst du?

       –Ich .... Koreanisch, Englisch und etwas Deutsch.

    b. .... kommst du, Nicole?

       .... welchem Land kommst du, Pierre?

       – Wir kommen .... Frankreich.

    c. .... ist Ihre Handynummer?

       –Meine Handynummer .... null eins sieben neun, fünf drei drei vier acht neun fünf null.

    d. .... hast du Geburtstag?

       – .... ersten November.

    e. .... warst du gestern Abend?

       –Da .... ich mit meiner Freundin im Nationaltheater.

Hörverstehen 1   Unfallmeldung

1. Hören Sie den Text zweimal und beantworten Sie die Fragen.

   a. Was passierte? ....

   b. Wo passierte es? ....

   c. Wie ist die Autonummer? ....

 ## Hörverstehen 2   Wettervorhersage

1. Hören Sie den Wetterbericht zweimal und schreiben Sie, wie das Wetter morgen wird.

	Vormittag	Mittag	Nachmittag
In Bayern			
Im Rheinland			
Im Norden			

regnen   wolkig   schön

wechselhaft   kühler   Schnee

Kapitel 4
Im Sprachinstitut

Kapitel 4 Im Sprachinstitut

김보람은 입주를 마치고 며칠간 휴식을 한 다음 드디어 예약한 어학원 Sprachinstitut을 찾아갔다. 첫 날은 분반시험 Einstufungstest을 치른다. 한국에서 고등학교를 다닐 때, 그리고 대학의 교양과정에서 독일어를 선택하였기 때문에, 약간의 독일어 실력은 있지만 본격적인 언어훈련을 받지 못했다. 진짜 언어공부를 시작해야 하는 입장에서 어느 반에 배치되느냐 하는 것은 별로 중요하지 않다. 분반시험은 필기시험 schriftliche Prüfung과 구두시험 mündliche Prüfung으로 이루어져 있다. 보람이는 두 가지 시험을 봤다. 두 시간 후에 게시판에 분반시험 결과 Ergebnis des Einstufungstests가 발표된다. 그 사이에 게시판에 붙어있는 다음과 같은 쪽지가 눈에 띄었다.

LESETEXT 1 Frühstücksbüffet

Frühstücksbüffet

Wo?:   Im Saal

Wann?:   Montag bis Freitag 07:00–07:45

Eintritt: frei für alle

* **An Wochenenden und Feiertagen:** geschlossen

1. Mündliche Übung: Welche Informationen sind auf dem Zettel?

   a. Wo bekomme ich das Frühstücksbüffet? ....

   b. Wann bekomme ich das Frühstücksbüffet? ....

   c. Was kostet das Frühstücksbüffet? ....

   d. Wann bleibt das Frühstücksbüffet geschlossen? ....

2시간 후 게시판에 분반시험결과가 게시되어 있다.

Frau Boram KIM　　　　A1-3

LESETEXT 2 **Intensivkurs**

Intensivkurs A1-3
Von 2. 12. 2019 bis 24. 1. 2020 (8 Wochen)

Raum: Zimmer 33 im Institut
Klassenlehrerin: Frau Monika Liebermann
Niveaustufe: A1

Unterricht: Montag bis Freitag, 8 bis 12 Uhr
Landeskunde: Dienstag 14 bis 16 Uhr
Exkursion: Donnerstag 14 bis 16 Uhr

1. Schriftliche Übung: Ergänzen Sie die Sätze.

   a. Der Intensivkurs A1-3 ist vom .... bis zum .... im Zimmer ....

   b. Der Kurs dauert ....

   c. Die Klassenlehrerin heißt ....

   d. Die Niveaustufe des Intensivkurses A1-3 ist ....

   e. Der Unterricht findet .... bis ...., ... bis .... Uhr statt.

   f. Dienstagnachmittag von .... bis .... ist die Landeskunde.

   g. Donnerstagnachmittag von 14 bis 16 Uhr ist ....

> **Wortschatz**
>
> **Landeskunde <die, nur Singular>**
>
> Landeskunde ist das Wissen oder die Wissenschaft von der Geschichte, der Geographie, der Politik und Kultur eines Landes oder eines Gebietes.
>
> Komposita: Landeskundeunterricht
>
> Heimatkunde <die, nur Singular> Ein Fach in der Grundschule, in dem die Kinder die Geschichte und die Geographie, die Tiere und Pflanzen der näheren Umgebung kennen lernen.

2. Was möchten Sie alles über München oder Bayern wissen?

....

....

....

....

3. Was ist das? Geschichte, Geographie, Politik oder Kultur?

a. München ist erst 800 Jahre alt. Augsburg ist 2000 Jahre alt. (   )

b. München liegt 519 m über dem Meeresspiegel. (   )

c. Der Oberbürgermeister von München ist ein SPD-Politiker. (   )

d. Die alte und die neue Pinakothek und die Pinakothek der Moderne sind Bildgalerien. (   )

e. 1972 fand in München die Olympiade statt. (   )

f. Das Oktoberfest in München ist das größte Volksfest der Welt. (   )

> **Wortschatz**
>
> **Exkursion <die,-en>**
>
> Exkursion ist eine Reise, die wissenschaftlichen Zielen dient. Studienreise.
> Beispiel: Wir machen morgen eine Exkursion nach Bad Tölz.

Dialog 1 Im Unterricht

Zwanzig Kursteilnehmer sitzen am Tisch. Da kommt Frau Monika Liebermann, die Klassenlehrerin

Frau Liebermann: Guten Tag!

Alle: Guten Tag!

Frau Liebermann: Ich heiße Monika Liebermann. Und wie heißen Sie?

Alle: !@#$RTYUI!!!

Frau Liebermann: Hier sind Zettel. Schreiben Sie Ihren Namen auf den Zettel. Stellen Sie ihn bitte auf den Tisch.

(Jeder schreibt seinen Namen und stellt ihn auf den Tisch.)

Frau Liebermann: Ich komme aus Deutschland. Und woher kommen Sie, Frau Kim?

Frau Kim: Ich komme aus Korea.

Frau Liebermann: Aus Südkorea, oder aus Nordkorea?

Frau Kim: Aus Südkorea.

Frau Liebermann: Sie kommen aus Südkorea… Hm aus Seoul?

Frau Kim: Nein, aus Busan.

Frau Liebermann: Ach, Sie kommen aus Busan, Südkorea.

Frau Kim: Ja.

Frau Liebermann: Wo liegt Busan?

Frau Kim: Busan liegt im Südosten.

Frau Liebermann: Vielen Dank, Frau Kim.

Worterklärung

Guten Tag!	좋은 낮! (낮에 만나면서 하는 인사)
Guten Morgen!	(아침 인사)
Guten Abend!	(저녁인사)
Ich heiße Monika Liebermann.	= Mein Name ist Monika Liebermann.
Und wie heißen Sie?	그런데 당신 이름은 무엇인가요? =Und wie ist Ihr Name?
Hier sind Zettel.	여기에 종이쪽지가 있습니다.
Schreiben Sie Ihren Namen (auf den Zettel).	(종이쪽지에) 여러분의 이름을 쓰세요.
Stellen Sie ihn (den Zettel) auf den Tisch.	그것을 (쪽지를) 책상 위에 세워주세요.
Ich komme aus Deutschland.	나는 독일출신입니다.
Und woher kommen Sie?	당신은 어디 출신인가요?
Frau Kim	김부인. 여자 어른에게 붙이는 호칭은 Frau이다. 남자에게는 Herr를 쓴다. 젊은 여자에게 <Frau>라는 호칭은 듣기 거북할 수 있다. 그러나 아직 친하지 않은 사이에 마구 친한 척 마구 이름을 부를 수는 없는 것이다.
Ich komme aus Korea.	나는 한국 출신입니다.
Aus Südkorea, oder aus Nordkorea?	남한 출신입니까, 북한 출신입니까?
Sie kommen aus Südkorea... Hm aus Seoul?	당신은 남한 출신이라..흠 서울 출신?
Nein, aus Busan.	아니, 부산 출신입니다.
Wo liegt Busan?	부산은 어디 있나요?
Busan liegt im Südosten.	부산은 남동쪽에 있어요.
Vielen Dank, Frau Kim.	고맙습니다, 김부인. 상대방과 인사를 하거나 고맙다는 말을 할 때는 일반적으로 이름까지 부르는 것이 예의이다. 이것은 우리의 어법과는 좀 다르다. 그러나 대화하는 상대가 누구인지 알고, 인정하기 위해서는 반드시 이름을 알아야 한다.

1. **Mündliche Übung:** Führen Sie ein Gespräch mit Ihrem Nachbarn oder Ihrer Nachbarin.

   A: Ich heiße Boram. Und wie heißt du?

   B: Fatma.

Boram, Maifan, Eiko, Ibrahim, Mike Sven, Sarah..	Fatma, Cinthia, Piotr, Jan, Kung, Martin, Josif

2. **Mündliche Übung:** Führen Sie ein Gespräch mit Ihrem Nachbarn oder Ihrer Nachbarin.

   A: Wie lautet dein Familienname?

   B: Kim. Kim ist mein Familienname.
      Und du? Wie heißt du mit Familiennamen?

   A: Hassan. Ich heiße Maul.

Kim, Weinberger, Schwarzwald, Schuster, Schneider, Kettwig, Baumann, Zuckerberg	Maul, Biermann, Braun, Tieck, von Braun, Ibrahim, Bullmann, Askenase, Wang

3. **Mündliche Übung:** Führen Sie ein Gespräch mit Ihrem Nachbarn oder Ihrer Nachbarin.

   A: Woher kommst du?

   B: Aus Madrid.

   A: Ach, du kommst aus Madrid. Du bist dann Spanier?

   B: Ja, ich bin Spanier.

Stadt	Land	männlich	weiblich
London	Großbritannien	Brite	Britin
Ankara	die Türkei	Türke	Türkin
Tel Aviv	Israel	Israeli	Israeli
Korinth	Griechenland	Grieche	Griechin
Bergamo	Italien	Italiener	Italienerin
Molta	Moldawien	Moldawiener	Moldawienerin
Shanghai	China	Chinese	Chinesin

4. **Mündliche Übung:** Führen Sie ein Gespräch mit Ihrem Nachbarn oder Ihrer Nachbarin. **(Sie sprechen vor einer Landkarte.)**

   A: Ich bin aus Madrid.

   B: Madrid? Wo liegt das?

   A: Hier, in der Mitte.

Stadt	Lage
Seoul	in der Mitte
New York	im Osten
San Francisco	im Westen
Mumbai	im Westen
Neu-Dehli	im Norden
Daejeon	in der Mitte, zwischen Seoul und Busan

5. **Schriftliche und dann mündliche Übung :** Schreiben Sie die Antworten und sprechen Sie miteinander darüber.(Sie sprechen vor einer Landkarte.)

   Wo liegt folgende Institution?

   a. NDR (Norddeutscher Rundfunk) liegt ....

   b. WDR (Westdeutscher Rundfunk) liegt ....

   c. SWR (Südwestdeutscher Rundfunk) liegt ....

   d. MDR (Mitteldeutscher Rundfunk) liegt ....

   e. BR (Bayerischer Rundfunk) liegt ....

6. Mündliche Übung: Fragen und antworten Sie wie im Beispiel.

   A: Woher kommt Beethoven?

   B: Er kommt aus Bonn, aus Deutschland.
   Er ist Deutscher.

Name	Stadt	Land	Nationalität
Ludwig van Beethoven	Bonn	Deutschland	Deutscher
Johann Sebastian Bach	Eisenach	Deutschland	Deutscher
Marylin Monroe	Los Angeles	USA	US-Amerikanerin
Abraham Lincoln	Kenturky	USA	US-Amerikaner
Michelangelo	Toskana	Italien	Italiener
Raffael Sanzio	Urbino	Italien	Italiener
Pierre-Auguste Renoir	Limousine	Frankreich	Franzose
Vincent van Gogh	Groot-Zundert	Niederland	Niederländer
Nam Jun Paik	Seoul	Korea	Koreaner

7. Mündliche Übung: Führen Sie ein Gespräch wie im Beispiel.

   A: Aus Nigeria?

   B: Ja, Nigeria ist ein Land in Westafrika.

Nigeria   Italien   Norwegen   Chile   Südkorea   Singapur

---

in Westafrika   in Südeuropa   in Nordeuropa

in Südamerika   in Ostasien   in Südostasien

8. Mündliche Übung

A: Wie heißt die Hauptstadt von Nigeria?

B: Die Hauptstadt von Nigeria heißt Abuja.

A: Abuja??? Ich dachte, Lagos ist die Hauptstadt von Nigeria.

B: Lagos ist eine Großstadt im Süden.

A: Ach so!

Südkorea	Seoul	Sejong	In der Mitte
USA	Washington	New York	Im Osten
Kanada	Ottawa	Vancouver	Im Westen
Holland	Den Haag	Amsterdam	Im Norden
Nigeria	Abuja	Lagos	Im Süden

N a m e n
성명

이름 Vorname과 성Familienname 중 어느 것이 더 오래 되었을까? 이름은 아마도 가족 구성원들을 서로 구분하기 위해서 사용되었을 것이다. 그러나 성의 경우 유럽의 독일어권에서는 12세기 이후 차차 사용되기 시작했고, 1875년에 처음으로 법적으로 사용되기 시작했다.

Vornamen 이름

우리나라는 아이가 출생하면 집안의 항열項列을 따라 한 자, 그 아이의 독특한 이름 한 자, 이렇게 합해서 이름을 지었다. 김 –집안의 이름, 성 –항열, 민 –내 이름. 젊은 층에서는 한글 이름을 짓는 것이 유행이다. 보라, 하얀, 예닮, 예은, 지나, .. 이런 이름에는 항열개념이 없다.

독일에서 유행하는 이름

– 1900년 까지
여자이름 1. Margaret 2. Gertrud 3. Martha 4. Frieda 5. Anna
남자이름 1. Paul 2. Karl 3. Willy 4. Max 5. Walter

– 1960년까지
여자이름 1. Petra 2. Gabriele 3. Karin 4. Sabine 5. Andrea
남자이름 1. Michael 2. Thomas 3. Peter 4. Klaus 5. Uwe

– 2000년까지
여자이름 1.Julia 2. Lisa 3. Katrin 4. Anne/Anna 5. Sara
남자이름 1. Daniel 2. Alexander 3. Tobias 4. Christian 5. Kevin

독일인들의 이름을 크게 분류하여 보자.

1. 유태교 기독교의 흔적이 남아있는 이름, 즉 성서에 등장하는 이름

   Abraham, Adam, Anna, Benjamin, Daniel, David, Debora, Elisabeth, Esther, Hanna, Immanuel, Jakob, Josef, Judith, Lea, Magdalena, Rachel, Miriam, Paulus, Salome, Sara, Rebekka, Ruben, Ruth, Thomas....

2. 게르만 전통의 흔적이 남아있는 이름

   Adalbert, Adele, Adelheid, Adolf, Adolfine, Albert, Alla, Aloisia, Alma, Amalia, Anselm, Armgard, Armin, Arend, Arthur, Asmund, Astrid.......

3. 다른 나라에서 이민을 온 후 정체성을 유지하기 위한 사용하는 본래 모국어로 된 이름 등으로 나누어 볼 수 있다.

   Ibrahim, Sven, Fatma, Michelle, Junha, Jaemin .....

자주 듣게 되는 독일이름과 그 뜻을 알아보자.

독일이름	본래 사용되던		의미
	언어	원어	
Maximilian	Latein	Maximilianus	위대한 사람
Paul	Latein	Paulus	작은 사람
Margarete	Griechisch	Margarites	보석
Eva	Hebräisch	Eva	생명
Peter	Griechisch	Petros	바위
Bruno	Deutsch	Bruno	갈색피부를 가진
Iris	Griechisch	Iris	무지개/신의 사자
Maria	Hebräisch	Mirjam	항거하는 자
Barbara	Griechisch	Barbaros	낯선 자
Stefan	Griechisch	Stefanos	왕관
Elisabeth	Hebräisch	Elisabeth	신은 완전하다
Felix	Latein	Felix	행복한 자
Boris	Russisch	Boris	전쟁, 전사
Bernhard	Deutsch	Bernhard	곰처럼 힘이 센
Karl	Deutsch	Kerl	자유인

유럽문화권에서 가장 많이 사용하는 이름은 무엇일까?

그것은 Johannes이고, 성서에 등장하는 이름이다. 애칭은 Hans, Hänschen 등이 있다.

1. 다음에 나오는 이름은 모두 Johann/Johannes의 각 언어별 변형인데 재미 삼아 한번 연결해보자.

a. Johannes – Hebräisch

b. Juan – ....

c. Iwan – ....

d. Giovanni – ....

e. Janko – ....

f. Jeans – ....

g. John – ....

h. Jean – ....

i. Janos/Janosch – ....

j. Jan – ....

k. Ian – ....

l. Johann/Hans – Deutsch

Hebräisch

Italienisch

Spanisch

Deutsch

Tschechisch

Französisch

Polnisch

Russisch

Dänisch

Englisch

Holländisch

Irisch

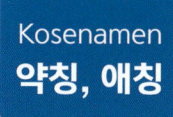
Kosenamen
약칭, 애칭

우리나라에도 자녀나 손자손녀가 태어나면 귀여워서 본명이외에 애칭을 부르거나 약칭을 부르기도 한다. 이것은 독일에서도 마찬가지이다. 다음은 약칭이나 별칭의 예이다.

Heinrich-Heiner   Wilhelm-Willy   Ludwig-Lutz   Margarete-Grete
Barbara-Bärbel   Elisabeth-Liese   Katharina-Katja   Friedrich-Fritz
Nikolaus-Klaus   Bernhard-Bernd   …….

Was war dein Kosename?

....

Familienname oder Nachname
이름과 관련이 있는 몇 가지 독일적 현상을 보자.

첫째. 독일에는 먼저 직업명에서 성이 만들어졌다. 수공업자 Handwerker는 자랑스러운 직업명, 예를 들면 Fischer 어부, Schneider 양복 재단사, Mühlwerk 방앗간, Schmiede 대장쟁이, Maurer 벽돌공, Schuster 제화공 등을 바로 성으로 사용했다.

둘째. 독일에서 가장 많은 성은 무엇일까? 그것은 Müller이다. 방앗간에서 밀가루를 만드는 제분업자라는 뜻인데, 독일인 8000만명 중 60만명 이상이 이 성을 가지고 있다. 그 다음 많이 사용되는 성은 Schmidt이다.

셋째. 두 개 이상의 이름, 두 개 이상의 성 법적으로 이름이 반드시 하나일 필요는 없다. 내가 아는 사람은 이름이 Alexander Benedikt Christian Förs이다. Alexander는 어릴 때 아버지가 지어준 첫 이름이고, Benedikt는 그 아이가 태어난 곳이고, Christian은 부모가 두 번째로 만들어준 이름이다. Förs는 성이다. 약자로 A.B.C. Förs가 된다. 성을 두 개 이상 가지는 경우는 결혼을 했을 때이다.

넷째. 결혼하고도 처녀성을 유지하는 경우 1960년대 이후 여성해방운동의 여파로 생긴 현상인데, 결혼 후에도 여자들은 남편성과 나란히 처녀때 성을 덧붙여 사용했다. (Frau Elisabeth Müller-Seidel) 지금은 여자의 경우 1) 처녀성을 그냥 쓰거나, 2) 남편 성을 따르거나, 3) 남편성과 자기 성을 나란히 병행한다.

다섯째. 법적인 결혼을 하지 않고 동거하는 경우는 물론 본래 성을 사용하겠지만, 이혼한 후에는 1) 처녀성으로 돌아가거나, 2) 이혼한 남편의 성을 유지하거나, 3) 재혼을 한 후 새 남편의 성을 따를수 있다. 어떤 성을 가질 것인가 하는 것은 전적으로 본인의 판단이다.

1. Mündliche Übung: Diskussion

Herr Alexander Müller heiratet Frau Sarah Kleisner-Meerbusch.

Wie heißen der Mann und die Frau nach der Heirat? Wie heißen die zukünftigen Kinder mit Familiennamen?

LESETEXT 3 **Selbstvorstellung**

Mein Name ist Ferdinand Hackel. Ich wohne in Linz, Hirschgrabe 12. Meine Telefonnummer ist 12 23 78, die Handynummer ist 0177 500 7121. Ich bin 45 Jahre alt, in Klagenfurt geboren und Installateur von Beruf. Ich bin Österreicher. Meine Frau heißt Elisabeth. Meine Frau und ich haben drei Kinder: Maria, Johann und Resi.

Jana Pifkova, 23, ist Tschechin. Sie ist Informatikerin von Beruf und wohnt in Prag. Ihre Adresse: Kankovskeho 27. Geboren ist sie in Bratislava. Jana Pifkova ist nicht verheiratet und hat keine Kinder. Ihre Telefonnummer ist 44 32 38 98. Ihre Handynummer ist 0174 238 8285. Natürlich hat sie eine E-Mail-Adresse: Jana.Pifkova@cuni.cz.

Sie kommt aus Tunesien. Aber sie lebt in Deutschland, und ihre Staatsangehörigkeit ist deutsch. Aziza Hansen ist 1981 in Tunesien geboren. Sie wohnt in Hannover und ist Sekretärin von Beruf. Ihr Mann ist Deutscher. Sie haben zwei Töchter, sechs und vier Jahre alt. Ihre Adresse: Daimlerstrasse 17a. Telefon: 8 93 45 67.

Worterklärung

Selbstvorstellung	<die> 자기 소개
geboren sein	태어나다
Installateur	<der> 전기, 수도, 가스공급을 위해 기구를 설치하는 기능공
Informatikerin	<die> 컴퓨터 전문가
verheiratet sein	결혼을 한
Staatsangehörigkeit	<die> 국적
Sekretärin	<die> 여비서, 상사를 위해 전화를 받고, 편지를 쓰고, 약속일자를 정하는 도우미

1. **Fragen zum Text** Füllen Sie die Formulare für die drei Personen aus.

	Ferdinant Hackel	Jana Pifkova	Aziza Hansen
Name			
Vorname			
Geschlecht			
Familienstand			
Alter			
Kinder			
Beruf			
Staatsangehörigkeit			
Geburtsort			
Wohnort			
Straße/ Nummer			
Telefon			
Fax			
Handy			
E-Mail			

Wortschatz

Geschlecht: männlich ♂ oder weiblich ♀

Familienstand: ledig – noch nicht verheiratet

verheiratet– Einen Mann oder eine Frau heiraten und mit dem Ehepartner zusammenleben

geschieden– Die Ehepartner lassen sich scheiden durch ein Gerichtsurteil.

verwitwet–Ein Ehepartner ist gestorben und der andere lebt allein.

Welchen anderen Familienstand gibt es heute noch?

Kapitel 4 **Im Sprachinstitut**

2. Mündliche Übung: Sprechen Sie wie im Beispiel.

   A: Du kommst aus Italien?

   B: Nein, ich komme nicht aus Italien.
   Ich bin aus Estland.

Italien	Estland	Ägypten	Marokko
Spanien	Griechenland	Malaysia	Chile
Polen	Molta	Singapur	Neuseeland
Südafrika	Äthiopien	Argentinien	Mexiko
Ghana	Elfenbeinküste	Brasilien	Portugal

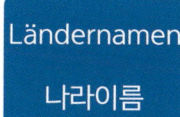

Ländernamen
나라이름

나라이름은 대부분 중성명사로 취급된다. 그러나 몇몇 나라는 남성이나 여성으로 또는 복수로 취급한다.

예:

die Türkei, die Schweiz, die tschechische Republik, die Ukraine, die Slowakei …

der Iran, der Libanon …

die USA (die Vereinigten Staaten von Amerika), die Philippinen, die Niederlande …

Ergün kommt aus der Türkei. Hassan kommt aus dem Iran. Jack und Mary kommen aus den USA.

3. Schriftliche Übung: Schreiben Sie in der Lücke die weibliche Form.

a. Afrika – Afrikaner – ....

b. Ägypten – Ägypter – ....

c. Amerika – Amerikaner – ....

d. Asien – Asiate – ....

e. Australien – Australier – ....

f. Brasilien – Brasilianer – ....

g. China – Chinese – ....

h. Deutschland – Deutscher – ....

i. Europa – Europäer – ....

j. Frankreich – Franzose – ....

k. Griechenland – Grieche – ....

l. Großbritanien – Brite – ....

m. Italien – Italiener – ....

n. Japan – Japaner – ....

o. Korea – Koreaner – ....

p. Mexiko – Mexikaner – ....

q. Niederlande – Niederländer – ....

r. Österreich – Österreicher – ....

s. Polen–Pole – ....

t. Portugal – Portugiese – ....

u. Russland – Russe – ....

v. Schweiz – Schweizer – ....

w. Spanien–Spanier – ....

x. Türkei–Türke – ....

4. Schriftliche Übung : Sortieren Sie die Nationalitäten nach der Endungsformen.

Endung	Länder
-er	
-erin	
-e	
-in	
-ner	
-nerin	
-er	
-e	

5. Mündliche Übung: Sprechen Sie wie im Beipiel.

Wörter und Zahlen

A	B	C	D	E	F	G	H	I	J	K	L	M	N
1	2	3	4	5	6	7	8	9	10	11	12	13	14

O	P	Q	R	S	T	U	V	W	X	Y	Z
15	16	17	18	19	20	21	22	23	24	25	26

Woher kommst du?

Ich komme aus 19, 5, 15, 21, 12.

Shanghai, Los Angeles, Rio de Janeiro, Rom, Mailand, Bern, Busan, Havanna

6. Mündliche Übung: Üben Sie zu zweit.

    A: Russe?

    B: Nein, Finne.

    A: Bist du Russe?

    B: Nein, ich bin kein Russe.
       Ich bin Finne.

    Russe – Finne – Brite – Franzose – Türke – Tscheche – Singapurer – Chinese – Brasilianer – Mexikaner – Australier – Neuseeländer – Koreaner

7. Mündliche Übung: Üben Sie zu zweit.

    A: Russin?

    B: Nein, keine Russin.
       Finnin.

LESETEXT 4 **Boram spricht über Korea**

Korea ist ein Land in Ostasien und liegt zwischen China und Japan. Das Land ist in Süd- und Nordkorea geteilt.

Südkorea, die Republik Korea, ist ungefähr 100,000 Quadratkilometer groß und hat etwa 51,5 Millionen Einwohner. Seoul ist die Hauptstadt.

Nordkorea ist eine Volksrepublik. Das Land ist etwa 120,000 Quadratkilometer groß und hat etwa 24 Millionen Einwohner. Die Hauptstadt Nordkoreas ist Pjöngjang.

1. **Mündliche Übung: Die Klassenfreunde fragen weiter.**

    a. Welche Industrie oder Technik hat Südkorea?

    – Vor allem Elektro – und Informationstechnik, Autoindustrie, Schiffbau und Landwirtschaft.

    b. Welche Religion hat Südkorea?

    – Südkorea hat verschiedene Religionen. Wir sind vor allem buddhistisch, konfuzianistisch, katholisch und evangelisch.

Religion 종교에 대해서 물을 때는 형용사형 또는 명사형으로 대답할 수 있다.

Ich bin evangelisch/katholisch/islamisch/buddhistisch... oder

Ich bin Protestant/Katholik/Moslem/Buddhist...

Landeskunde

Konfuzianismus

유교가 일반적으로 말하는 세계종교인가 하는 문제는 좀더 전문적인 질문이다. 그러나 신의 존재를 중심으로 종교의 본질을 따지는 유럽적 사고로 보면, 유교는 종교라기 보다는 하나의 생활방식 Lebensweise이라고 말할 수 있다.

Jeder Kursteilnehmer stellt sein Heimatland vor.

....

....

....

2. Schriftliche Übung: Bitte ergänzen Sie die Tabelle anhand von Webseiten. (Quelle: https://de.wikipedia.org)

Land	Lage	Größe	Einwohnerzahl	Hauptstadt	Religion
Finnland	westlich von Russland			Helsinki	73% evangelisch – lutherisch
Ukraine		600 000km²			
Israel				Jerusalem und Tel Aviv	
Ghana			26 Millionen		
Ägypten		eine Millionkm²			
Malaysia					60% Islam
Singapur		718,3km²	5,5Millionen		
China		9,5 Millionenkm²			
Kanada			36 Millionen	Ottawa	
Kuba	östlich von USA			Havanna	
USA					25% evangelisch, 20% katholisch

3. **Mündliche Übung: Wo liegt das Land? Ergänzen Sie die Sätze.**

   A liegt östlich von B.

   B liegt westlich von A.

   C liegt südlich von D.

   D liegt nördlich von C.

   E liegt zwischen F und G.

   a. Finnland

   liegt .... von Russland und östlich von Schweden. Die Hauptstadt ist

   .... Das Land ist .... Quadratkilometer groß und hat

   .... Einwohner. Die meisten Einwohner sind Christen, 73% der ganzen

   Bevölkerung sind ....

   b. Ukraine

   ....

   ....

   ....

   c. Israel

   ....

   ....

   ....

d. Ghana

e. Südafrika

f. Ägypten

g. Malaysia

h. Singapur

i. China

....

....

....

j. Kanada

....

....

....

k. Kuba

....

....

....

l. USA

....

....

....

4. Mündliche Übung: Sprechen Sie wie im Beispiel.

   A: Ich bin katholisch. Bist du auch katholisch?

   B: Nein, ich bin islamisch. Ich bin Moslem.

katholisch	islamisch	Moslem
buddhistisch	christlich	Christ(in)
islamisch	katholisch	Katholik(in)
christlich	nein	Keine Religion

5. Welche andere Religionen kennen Sie noch? Erzählen Sie über sie.

   ....

   ....

   ....

   ....

   ....

   ....

Test zur Selbstkontrolle

(Diktat-und Hörtexte S.277)

 Diktat : Italien ist ein Land in Südeuropa.

Neue Wörter :

Südeuropa, nördlich, (das) Slowenien, der Römer, anfangs, gründen, erobern, die Iberische Halbinsel, zu Grunde gehen, das Mittelalter, die Blütezeit, die Spur, die Antike, das Kunstwerk, die Renaissance

....

....

Schriftlicher Ausdruck

1. Wie lauten die Fragen und Antworten. Ergänzen Sie die Sätze.

   a. .... ist heute? – Heute ist Montag.

   b. .... heißt du mit Familiennamen? – Stafano.

   c. Ich komme aus Como. – .... liegt das?

   d. Ich komme aus Katalonien. – Dann bist du .... , nicht wahr?

   e. .... liegt Deutschland? – In der .... Europas. Es hat zehn Nachbarländer.

   f. .... heißt die Hauptstadt von Finnland? – ....

   g. Wolfgang Amadeus Mozart ist in Salzburg geboren. War er dann Deutscher oder Österreicher? – Er war Salzburger und Europäer. Er sprach .... , ... und Italienisch.

   h. Familienstand? – Sie wollen wissen, ob ich .... , ... , ... oder verwitwet bin?

Hörverstehen 1 Raten Sie mal, welches Land es ist.

Hören Sie den Text zweimal und raten Sie mal, welches Land es ist.

Antwort

Das Land ist ....

Hörverstehen 2 Raten Sie mal, welches Land es ist.

Hören Sie den Text zweimal und raten Sie mal, welches Land es ist.

Antwort

Das Land ist ....

Hörverstehen 3 Ein Gespräch auf der Polizei

Hören Sie den Text zweimal und schreiben Sie alle Informationen über den Mann auf.

....

....

....

....

....

Kapitel 5
Interviews

Kapitel 5 Interviews

쉬는 시간에 In der Pause 어학과정 참가자들은 삼삼오오 모여서 대화를 한다. 대화에 참여하려면 적극적인 자세가 필요하다. 먼저 해야 하는 일은 남이 하는 말에 귀를 기울이는 것 zuhören이다. 그냥 무심코 듣지 말라는 이야기이다. 그러나 남들이 하는 말은 빠르기도 하고, 발음이 정확하지 않기도 하고, 더군다나 모르는 말일 때도 있다. 대화 중에 중요한 것은 내가 알아듣는 못하는 것에만 매달려 있지 말고, 전체적인 말의 흐름을 따라 가면서 반응을 해야 한다는 점이다. 모든 말을 처음부터 끝까지 다 알아들을 수는 없는 것이고, 또 모든 것을 다 듣고 이해할 필요도 없다는 것을 아는 것이 중요하다.

수강생들 중 몇 사람이 서로 인터뷰를 했다.

 Hörtext 1 **Interview mit Kamil Ergün**

Interviewerin:	Du bist Kamil. Kannst du etwas über dich selbst erzählen?
Kamil Ergün:	Ja. Mein Name ist Kamil, Kamil Ergün. Ich komme aus Ankara. Das ist die Hauptstadt der Türkei. Ich bin 26 Jahre alt und mache zu Hause eine kaufmännlische Ausbildung.
Interviewerin:	Du machst eine Ausbildung zum Kaufmann in Ankara. Warum brauchst du Deutsch?
Kamil Ergün:	Ich brauche Deutsch, weil ich weiter in Deutschland eine Ausbildung mache.
Interviewerin:	Deshalb besuchst du den Sprachkurs. Vielen Dank für das Interview, Kamil.

Worterklärung

erzählen	v. Information geben
	erzählen über jemanden — Informationen über jemanden geben
zu Hause	1. In meinem Haus, in meiner Wohnung
	2. In meiner Heimat
	3. In meinem Heimatland
eine Ausbildung machen	für einen Beruf lernen und arbeiten, für einen Beruf vorbereiten
ein Kaufmann	ist ein Mann, der Dinge kauft und verkauft.

1. Fragen zum Interview:

a. Aus welcher Stadt kommt Kamil? ....

b. Aus welchem Land kommt er? ....

c. Wie alt ist er? ....

d. Was macht er zu Hause? (Was ist er von Beruf?) ....

e. Warum braucht er Deutsch? ....

2. Der Interviewer sagt: Bitte ergänzen Sie die Sätze.

Kamil Ergün .... über ihn selbst. Er kommt .... Ankara.

Ankara ist die .... der Türkei.

Er ist 26 Jahre ..... und macht zu Hause eine Ausbildung zum Kaufmann.

Er .... Deutsch, weil er weiter in Deutschland eine Ausbildung machen will.

Deshalb .... er den Sprachkurs.

Hörtext 2 **Interview mit Maria Pusnelli**

Interviewer: Du bist Maria und kommst aus Italien, nicht wahr?

Maria Pusnelli: Richtig. Ich bin Italienerin.

Interviewer: Aus welcher Stadt kommst du?

Maria Pusnelli: Aus Como. Das ist eine kleine Stadt im Norden, nicht weit von Mailand.

Interviewer: Mailand?

Maria Pusnelli: Ja, man sagt auch Milano.

Interviewer: So so. Was bist du von Beruf?

Maria Pusnelli: Ich arbeite als Sekretärin bei einer deutschen Firma.

Interviewer: Du bist Sekretärin. Hm.

Maria Pusnelli: Mein Chef ist Deutscher. Er versteht etwas Italienisch, aber er möchte gerne mit mir Deutsch sprechen.

Interviewer: Ach so. Dann brauchst du unbedingt Deutsch.
Viel Erfolg beim Deutschlernen.

Worterklärung

nicht weit von A sein = in der Nähe sein   Starnberger See ist nicht weit von München.
Wie weit ist es von Seoul nach Busan?
Auf der Autobahn sind es ungefähr 440km.

arbeiten   v. 1. körperliche oder geistige Tätigkeit tun
2. etwas als Beruf tun/ Er arbeitet bei der Post./ Seine Frau arbeitet als Lehrerin./ Sie arbeitet halbtags.
3. an etwas arbeiten/Er arbeitet an einem Roman. /Eine Sekretärin arbeitet zum Beispiel für einen Chef in einer Firma.

Firma   <die, Firmen> Ein privates Unternehmen, das Waren produziert und verkauft.
Siemens ist eine deutsche Firma.

verstehen   v. 1. 말의 내용을 이해하다 2. 소리가 들리다 3. 어떤 행동의 이유를 알다 4. 어떤 분야에 전문적 지식이 있다.

brauchen   v. 무슨 일을 하기 위해서 꼭 필요로 하다 /Ich brauche Geld. Ich brauche deine Hilfe.

unbedingt   adv. 무조건

Viel Erfolg!   성공을 빈다   Viel Erfolg beim Deutschlernen 독일어 배우는데 큰 성과가 있기를 빈다

Viel Spaß!   재미있게 ...하기를 빈다

Viel Vergnügen!   즐기면서 ...하기를 빈다

1. Fragen zum Interview:

   a. Woher kommt Maria Pusnelli ? ....

   b. Wo liegt Como? ....

   c. Wo liegt Mailand? ....

   d. Was ist Maria Pusnelli von Beruf? ....

   e. Versteht ihr Chef Italienisch? ....

   f. Was sind die Aufgaben einer Sekretärin eines Chefs? (ja oder nein)

   – Telefonieren (   )

   – Termine machen (   )

   – Briefe und E-Mails lesen und schreiben (   )

   – Tee und Kaffee machen (   )

   – Viele Geschäftsreise machen (   )

2. Der Interviewer berichtet:

   Maria Pusnelli kommst .... Como. Como liegt im Norden Italiens und ist nicht ....

   von Mailand. Sie arbeitet in Italien als .... bei einer deutschen ....

   Ihr Chef .... etwas Italienisch, aber nicht gut. Er möchte, dass seine Sekretärin auch

   Deutsch versteht und mit ihm Deutsch spricht. .... braucht sie Deutsch.

Hörtext 3 **Interview mit Jitu Yieng**

Interviewerin:	Herr Jitu Yieng. Darf ich dich duzen?
Jitu Yieng:	Aber, natürlich.
Interviewerin:	Wer bist du und woher kommst du?
Jitu Yieng:	Ja, ich bin Jitu Yieng.
	Jitu ist mein Vorname, Yieng mein Familienname.
	Ich bin aus Shanghai, Volksrepublik China.
Interviewerin:	Wie alt bist du?
Jitu Yieng:	32. Und ich habe eine Familie. Meine Frau und ich haben einen Sohn.
Interviewerin:	Was bist du denn von Beruf?
Jitu Yieng:	Ich bin Übersetzer, Deutsch-Chinesisch.
Interviewerin:	Dann bist du sehr gut in Deutsch, nicht wahr?
Jitu Yieng:	Theoretisch ja. Ich kann aber nicht gut hören und sprechen.
Interviewerin:	Du lernst also Deutsch, um es besser zu hören und zu sprechen.
Jitu Yieng:	Ja, stimmt. Ich möchte besser Deutsch hören und sprechen.
Interviewerin:	Sehr gut. Danke, Jitu.

Worterklärung

duzen v. (상대방과) du라고 말하다   **siezen** v. (상대방과) Sie 라고 말하다
Kann ich dich duzen? 내가 너한테 du라고 말해도 돼?
natürlich adj. 자연스러운, 당연한   **Wie alt bist du?** 너는 나이가 몇 살이야?
Familie <die,-n> 가족   **Frau** <die,-en> 부인, 아내   **Sohn** <der, Söhne> 아들
Tochter <die, Töchter> 딸   **Kind** <das,-er> 아이   **Was bist du von Beruf?** Was mac hst du beruflich?
Übersetzer <der> 직업 번역가   **übersetzen** v. 주로 문서를 다른 언어로 옮기다
Dolmetscher <der> 직업 통역가   **dolmetschen** v. 현장에서 하는 말을 다른 언어로 옮기다
Nicht wahr? 그렇지 않아? 바이에른 지방의 방언으로는 Nicht wahr? 대신 gell?이라고 한다.
theoretisch adj. 이론적으로/ **praktisch** 실제적으로
besser adj. 더 좋은 (**gut** 좋은 /**am besten** 가장 좋은)
stimmen v. Etwas stimmt.= Etwas ist wahr.= Etwas ist richtig.

1. Fragen zum Interview:

   a. Aus welcher Stadt kommt Jitu Yieng? ....

   b. Aus welchem Land kommt er? ....

   c. Wie alt ist er? ....

   d. Hat er eine Familie? ....

   e. Wie groß ist seine Familie? ....

   f. Was ist er von Beruf? ....

   g. Spricht er gut Deutsch? ....

   h. Warum lernt er noch Deutsch? ....

2. Der Interviewer stellt Jitu Yieng vor: Bitte ergänzen Sie die Sätze.

   Herr Jitu Yieng kommt aus Shanghai, aus der .... China.

   Er ist 32 Jahre alt und .... Er und seine Frau haben einen ....

   Von Beruf ist er Übersetzer, Deutsch-Chinesisch. Sein .... ist nicht schlecht,

   aber er möchte es besser .... und ....

Hörtext 4　**Interview mit Boram Kim**

Interviewer:　Hallo, du bist hier in München und lernst Deutsch. Wer bist du?

Boram Kim:　Ja, ich bin Boram Kim. Ich komme aus Korea, aus Südkorea.

Interviewer:　Darf ich fragen, was du zu Hause machst?

Boram Kim:　Ich bin Studentin und studiere Sprachen.

Interviewer:　Interessant. Wie alt bist du?

Boram Kim:　22 Jahre alt.

Interviewer:　Du besuchst einen Deutschkurs in München. Warum lernst du Deutsch?

Boram Kim:　Deutsch brauche ich für mein Studium. Außerdem will ich später in Deutschland studieren.

Interviewer:　Vielen Dank für das Interview.

Boram Kim:　Bitte schön. Gern geschehen.

Worterklärung

fragen	v. 무엇을 알아내기 위하여 묻다
Er fragt mich.	Er stellt mir eine Frage. 그는 나에게 질문한다.
	Sie fragt mich, ob ich mit ihr ins Kino gehen will. 그녀는 나에게 같이 영화관 갈거냐고 묻는다.
	Der Interviewer fragt mich nach meiner Meinung. 인터뷰어는 나에게 내 의견을 묻는다.
Sprache	<die,-n> 언어
Studium	<das> 대학에서의 공부
außerdem	adv. 그것 이외에도
Gern geschehen	(무엇을) 기꺼이 했습니다.
	Vielen Dank! 에 대한 대답으로 Bitte schön. Gern geschehen. 등으로 대답한다.

1. Fragen zum Interview:

   a. Woher kommt Boram Kim? ....

   b. Was macht sie zu Hause? (Was ist sie von Beruf?) ....

   c. Was studiert sie? ....

   d. Wie alt ist sie? ....

   e. Warum lernt sie Deutsch? ....

2. Schriftliche Übung

   Sie sind jetzt der Interviewer. Berichten Sie etwas über Boram Kim.

   ....

   ....

   ....

   ....

직업 Beruf의 사전적 의미

Beruf: eine Tätigkeit in einem bestimmten Aufgabenbereich, mit dem man meist seinen Lebensunterhalt verdient und zu der man meist eine spezielle Ausbildung braucht.

특정한 과제분야에서 하는 활동, 그 과제분야에서 주로 생활비를 벌고, (그 직업을 수행하기 위해) 대부분의 경우 특별한 직업교육을 받아야 함.

Landeskunde

독일인의 직업의 의미

독일인들은 직업이라는 말에 종교적인 의미를 부여하고 있다. 우리가 직업職業이라고 번역하는 Beruf라는 명사는 동사 berufen에서 나온 명사형이다. 즉 <신이 나에게 그런 일을 하라고 명령했다>라는 의미의 이 개념은 16세기 종교개혁가 Martin Luther (1483, Eisleben-1546, ebenda)가 처음으로 사용했고, 독일의 그 후 역사에 커다란 영향을 끼쳤다. 비록 인간생활이 근대화, 도시화, 산업화, 자동화되면서 직업의 의미가 많이 퇴색했다고 하지만, 우리나라와 비교한다면 독일에는 아직도 직업의식이 매우 강하게 남아있다.

Worterklärung

einen Beruf lernen 독일에서 어떤 직업을 갖기 위해서는 직업수행에 필요한 이론과 실기를 배워야 하는데, 보통 3년이 걸린다.

einen Beruf ausüben 어떤 직업에 종사하다

einen Beruf haben 어떤 직업을 가지고 있다

Berufsschule 직업학교 **Berufsausbildung** 직업교육 **Berufserfahrung** 직업경험
Berufskleidung 작업복 **Berufsbildungszentrum** 직업교육센터

freie Berufe 자유직업: **Arzt** 의사 **Rechtsanwalt** 변호사

---

1. Aufgabe: Verbinden Sie die beiden Berufsbezeichnungen.

Berufe:

Angestellter/Angestellte ...., Beamter/Beamtin ....,

Lehrer/Lehrerin ...., Artist/Artistin ....,

Unternehmer/Unternehmerin ....,

Kindergärtner/Kindergärtnerin ....,

Automechaniker/Automechanikerin ....,

Sekretär/Sekretärin ....,

Computerprogrammierer/Computerprogrammiererin _____,

Ladenbesitzer/Ladenbesitzerin _____, Taxifahrer/Taxifahrerin _____,

Busfahrer/Busfahrerin _____,

Lokomotivfahrer/Lokomotivfahrerin _____,

Pilot/Pilotin _____, Steward/Stewardess _____,

Bauer/Bäuerin _____, Kosmetiker/Kosmetikerin _____,

Hausfrau/Hausmann _____, Arzt/Ärztin _____,

Zahnarzt/Zahnärztin _____, Professor/Professorin _____,

Politiker/Politikerin _____, Laborant/Laborantin _____,

회사원, 공무원, 교사, 예술가, 사업가, 유치원 교사, 자동차 기술자, 비서, 택시기사, 버스기사, 기관차기사, 주부, 의사, 농부, 미용사, 정치가, 실험실 근무자. 사업가, 유치원 교사, 컴퓨터 프로그램 제작자, 가게주인, 비행사, 스튜어드, 치과의사, 교수…

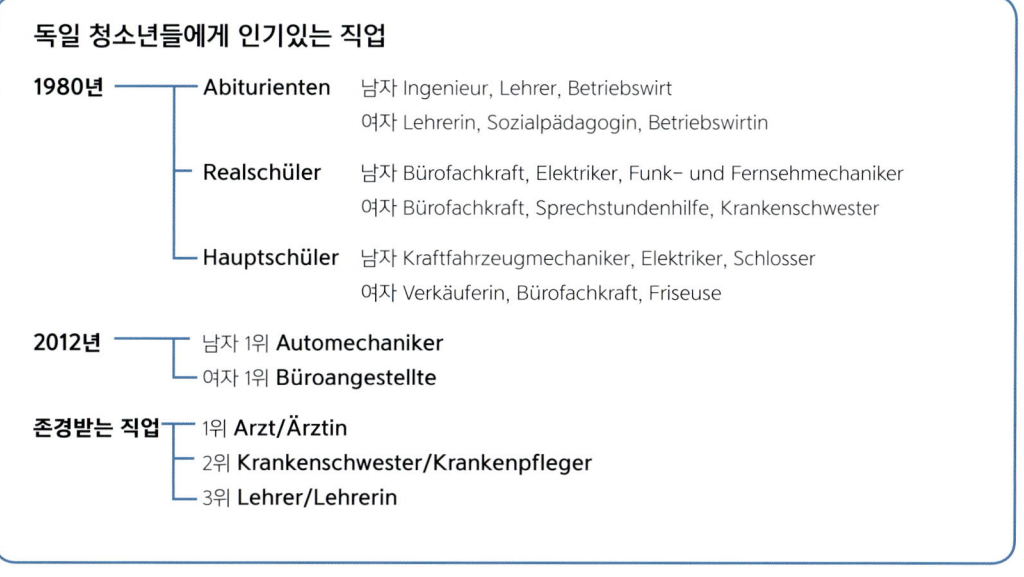

독일 청소년들에게 인기있는 직업

1980년
- **Abiturienten**
  - 남자 Ingenieur, Lehrer, Betriebswirt
  - 여자 Lehrerin, Sozialpädagogin, Betriebswirtin
- **Realschüler**
  - 남자 Bürofachkraft, Elektriker, Funk- und Fernsehmechaniker
  - 여자 Bürofachkraft, Sprechstundenhilfe, Krankenschwester
- **Hauptschüler**
  - 남자 Kraftfahrzeugmechaniker, Elektriker, Schlosser
  - 여자 Verkäuferin, Bürofachkraft, Friseuse

2012년
- 남자 1위 Automechaniker
- 여자 1위 Büroangestellte

존경받는 직업
- 1위 Arzt/Ärztin
- 2위 Krankenschwester/Krankenpfleger
- 3위 Lehrer/Lehrerin

2. Schriftliche und dann mündliche Übung: Welche Berufe sind in Korea unter den jungen Menschen beliebt? Und warum gerade diese Berufe?

Beliebte Berufe	Gründe dafür?

3. Schriftliche und dann mündliche Übung   Welchen Berufswunsch haben Sie persönlich? Und warum gerade diesen Beruf?

....

....

....

4. Mündliche Übung: Diskussion

   Thema 1: Ist Student ein Beruf?

   　　　　　Ja. Warum?

   　　　　　..

   　　　　　Nein. Warum nicht?

   　　　　　..

   Thema 2: Ist Hausfrau ein Beruf?

   　　　　　Ja, warum?

   　　　　　..

   　　　　　Nein, warum nicht?

   　　　　　..

5. Freies Gespräch: Diskussion

Welche Berufe werden in Zukunft nicht mehr gefragt? Welche Berufe werden in Zukunft mehr gefragt? Nennen Sie die gefragten und nicht mehr gefragten Berufe und begründen Sie sie.

> Übersetzer werden nicht mehr gefragt, denn der Computer übernimmt die Übersetzungsarbeit.

....

....

> Sportlehrer oder –trainer werden mehr gefragt, denn die Menschen wollen lang und gesund leben.

....

....

LESETEXT 1 Ausbildung und Studium

Werner ist 15 Jahre alt. Er lernt Automechanik. Die Ausbildung dauert 3 Jahre. Mit 18 macht er eine Prüfung. Dann wird er Automechaniker.

Monika ist 19 Jahre alt und macht das Abitur. Sie wird Lehrerin. Sie studiert Englisch und Französisch. Das Sudium dauert 8 bis 10 Semester. Dann macht sie das Staatsexamen. Wolfgang ist Student. Er studiert Jura. Kurt studiert Physik und Mathematik. Ursula studiert Medizin. Sie wird Ärztin. Barbara studiert Philosophie.

Worterklärung

Automechanik	<die> 자동차 공학
Prüfung	<die,-en> 시험 (학교에서 일상적으로 자주 보는 시험은 테스트Test이고, 학기별 성적을 측정하기 위한 시험이나, 어떤 자격을 부여하기 위한 시험은 Prüfung이라 한다. 국가차원에서 어떤 특별한 능력을 인정받기 위해서는 국가시험 Staatsexamen 을 치뤄야 한다. Beispiel: Arzt, Rechtsanwalt, Lehrer....)
Automechaniker <der> 자동차 (조립, 수리) 전문가	**Abitur** <das> 아비투어, 대학 입학자격증
dauern v. (얼마나 오래 동안) 계속되다, 지속되다	**Semester** <das> 학기
Staatsexamen <das> 국가고사	**Medizin** <die> 의학

1. Fragen zum Text Bitte ergänzen Sie die Tabelle.

Name	Alter	lernen – studieren	Wie lange?	Abschluss	Beruf (später)
Werner	15	Automechanik	3 Jahre	Prüfung	Automechaniker
Monika					
Wolfgang					
Kurt					
Ursula					
Barbara					

학문 Wissenschaft의 세계

Wissenschaft: alle Tätigkeiten, die mit dem systematischen Erforschen verschiedener Bereiche der Welt zusammenhängen, um diese besser verstehen und erklären zu können.

학문: 세상의 여러 다양한 분야를 체계적으로 연구하는 것과 관련하여, 이것을 더 잘 이해하고 설명할 수 있도록 하는 모든 활동.

Geisteswissenschaft – Theologie, Philosophie, Philologie...
Sozialwissenschaft – Jurisprudenz, Soziologie, Wirtschaft, Politik, Geschichte...
Naturwissenschaft – Physik, Chemie, Biologie ...
Ingenieurwissenschaft – Architektur, Maschinenbau, ...
Medizin – Humanmedizin, Vetärinärmedizin...

독일은 학문영역과 예술영역을 나누어서 교육한다.
크게 나누어서 학문영역(wissen)은 Universität에서 가르치고,
예술 체육영역(können)은 Hochschule에서 가르친다.

두 가지를 통틀어서 고등교육기관 Hochschulen/고등교육 Hochschulstudium이라 말한다.

Ludwig-Maximilians-Universität München 뮌헨대학교
Techniche Hochschule München 뮌헨공과대학
Musikhochschule für Musik und Theater München 뮌헨 음악 연극 음악대학
Kunstakademie München 뮌헨 미술대학

Hochschule für Musik Hanns Eisler Berlin 베를린 한스 아이슬러 음악대학
Deutsche Sporthochschule Köln 쾰른 독일체육대학
Hochschule für bildende Künste Hamburg 함부르크 조형미술 대학

---

1. Mündliche Übung: Machen Sie einen Dialog mit Ihrem Nachbarn.

   A: Ich bin Student. Und du? Was bist du?

   B: Techniker.

Student	Techniker
Jurist	Arzt
Sekretärin	Stewardess
Lehrerin	Kindergärtnerin

2. Mündliche Übung: Machen Sie einen Dialog mit Ihrem Nachbarn.

    A: Bist du Arzt?

    B: Nein, kein Arzt. Ich bin Lehrer.

Arzt?	Lehrer
Bürokaufmann?	Unternehmer
Ingenieur?	Architekt
Musiker?	Designer

3. Mündliche Übung: Machen Sie einen Dialog mit Ihrem Nachbarn.

    A: Was studierst du, Alex?

    B: Ich? Naturwissenschaft, und zwar Chemie und Computer.

    und zwar는 앞에서 한 말을 좀 더 상세하게 말할 때 쓴다.

4. Mündliche Übung: Machen Sie einen Dialog mit Ihrem Nachbarn.

    A: Was studierst du, Anna?

    B: Musik, Hauptfach Klavier.

Wortschatz

Hauptfach   <das> 주전공

Nebenfach   <das> 부전공

LESETEXT 2 Reportage: Vier Lebensstile

Karin Stern, 33, wohnt in Frankfurt. Sie ist Sozialarbeiterin und Hobby-Fotografin. "Ich brauche keinen Luxus, keinen Geschirrspüler und keinen Computer. Ich rauche nicht und ich trinke keinen Alkohol. Geld brauche ich nur für meine Kameras, mein Fotolabor und für Filme. Der Rest ist nicht so wichtig." Das stimmt: Ihr Bad ist eigentlich ein Fotolabor und ihr Schlafzimmer ein Fotoarchiv.

Jochen Pensler, 21, studiert in Leipzig Biologie. Sein Zimmer ist ein Zoo. Zurzeit hat er 6 Schlangen, 26 Spinnen, 14 Mäuse und ein Krokodil. Aber er hat kein Telefon und kein Radio. Einen Fernseher hat er auch nicht. "Ich höre keine Musik und ich brauche keine Unterhaltung. Nur Bücher brauche ich unbedingt und meine Tiere. Tiere sind mein Hobby und sie kosten viel Zeit."

Bernd Klose, 42, lebt in Freiburg. Er ist Reporter. Deshalb ist er selten zu Hause. Seine Wohnung hat nur ein Zimmer. Es gibt eine Matratze und einen Schreibtisch, Möbel findet Bernd nicht wichtig. "Ich brauche drei Dinge: den Computer, das Motorrad und das Mobiltelefon."

Normalerweise hat jeder eine Wohnung oder ein Haus, aber **Linda Damke** nicht. Sie ist 27, Musikerin, und hat ein Segelboot. Das ist ihr Zuhause. Andere Leute brauchen ein Haus oder eine Wohnung und einen Wagen, ich nicht. Mein Segelboot bedeutet Freiheit. Im Sommer bin ich in Deutschland oder in Frankreich, im Winter in Griechenland. Lindas Leben ist spannend, aber nicht sehr bequem. Die Kajüte hat wenig Platz. Es gibt ein Bett, einen Tisch, ein paar Kisten, einen Mini-Kühlschrank und einen Gaskocher. Mehr braucht sie nicht.

Worterklärung

Sozialarbeiter	<die> 어려운 형편에 있는 사람들을 도와주는 국립이나 사립기관 종사자. 사회복지사
Fotograf	<der> 사진을 전문으로 찍는 사람 / **Fotografin** <die> 여자 사진사
Hobbyfotografin	<die> 취미로 사진을 찍는 여자. 여자 아마추어 사진작가
Luxus	<der> 필요 이상으로 비싼 물건. 사치품
Geschirrspüler	<der> 설거지 기계
Fotolabor	<das> 사진 실험실, 사진을 제작하는 작업실
Film	<der,-e> 1. 영화 2. 카메라용 필름
Fotoarchiv	<das> 사진작품 보관소
Reporter	<der> 기자
Matratze	<die> 매트리스
Möbel	<das> 가구
Motorrad	<das> 오토바이
Mobiltelefon	<das> 휴대용 전화기
Zoo	<der> 동물원
Schlange	<die,-n> 뱀
Spinne	<die,-n> 거미
Maus	<die, Mäuse> 생쥐
Krokodil	<das> 악어
Unterhaltung	<die> 1. 대화 2. 시간을 재미있게 보내기 위한 것
Tier	<das,-e> 동물
normalerweise	adv. 정상적인 경우에
Segelboot	<das> 요트, 돛단 배
bedeuten	v. 무엇을 의미하다
Freiheit	<die> 자유
spannend	adj. 사람을 긴장시키는. 재미있는
bequem	adj. 안락한
Kajüte	<die> 배 안의 내실. 먹고 자는 방
Kiste	<die,-n> 물건을 담는 상자, 담배 곽이나 무거운 소포를 포장한 나무상자 등
Kasten	<der> 1. 나무나 플라스틱으로 만든 운반용 상자 , 맥주병 상자 2. 낡은 라디오나 티비
Mini-Kühlschrank	<der> 소형 냉장고
Gaskocher	<der> 가스용 조리기구

1. **Finden Sie den richtigen Satz.**

   a. Jochen Pensler ....

   b. Bernd Klose ....

   c. Karin Stern ....

   d. Linda Damke ....

   1) Sie ist Sozialarbeiterin von Beruf.
   2) Er studiert Biologie.
   3) Ihre Wohnung ist in Frankfurt.
   4) Ihr Zuhause ist ein Segelboot.
   5) Sein Bett ist eine Matratze.
   6) Er braucht keine Unterhaltung.
   7) Sie fotografiert gern.
   8) Sie ist 27 Jahre alt.
   9) Sein Hobby sind Tiere.
   10) Er findet Möbel nicht wichtig.
   11) Er hat eine Wohnung in Freiburg.
   12) Ein Haus und einen Wagen braucht sie nicht.

2. **Was steht im Text?**

Jochen Pensler	findet		wichtig,	aber	findet	er nicht wichtig.
Bernd Klose	findet		wichtig,	aber	findet	er nicht wichtig.
Karin Stern	findet		wichtig,	aber	findet	sie nicht wichtig.
Linda Damke	findet		wichtig,	aber	findet	sie nicht wichtig.

3. Formulieren Sie es anders.

   a. Bernd Klose braucht drei Dinge. – Drei Dinge braucht Bernd Klose.

      Er hat kein Auto. – Ein Auto hat er nicht.

   b. Karin Stern braucht keinen Geschirrspüler. – _____

      Sie braucht einen Fotoapparat. – _____

   c. Jochen Pensler hat keinen Fernseher. – _____

      Er hat ein Krokodil. – _____

   d. Linda Damke braucht kein Haus. – _____

      Sie hat ein Segelboot.. – _____

Dialog 1 Klassengespräch

A: Hast du schon eine Zulassung?

B: Ja, ich habe eine. Hast du noch keine?

A: Nein, die brauche ich noch nicht.
   Jetzt lerne ich Deutsch. Später brauche ich sie, vielleicht.

B: Ach, so.

Worterklärung

schon	adv. 이미, 벌써
Zulassung	<die,-en> 대학입학을 하기 위해서 서류를 제출하면 일단 Zulassung을 받는다. 이것은 서류상 입학할 기본요건은 갖추었다는 증명서이다. 어학시험 Deutschprüfung을 본 다음 합격하면 정식 대학생으로 등록할 수 있다.
später	adv. 나중에
vielleicht	part. 아마도

Indefinite Personalpronomen 부정인칭대명사				
	maskulin	feminin	neutral	Plural
Nominativ	keiner	keine	keins	keine
Akkusativ	keinen	keine	keins	keine

1. **Mündliche Übung: Antworten Sie mit ja und nein wie im Beispiel.**

   A: Hast du schon einen Pass?

   B: Ja, ich habe schon einen.

   C: Nein, ich habe noch keinen.

   a. Hast du schon eine Wohnung? Ja, ich habe schon ....

   Nein, ich habe noch ....

   b. Brauchst du noch ein Taxi? Ja, ich brauche noch ....

   Nein, ich brauche .... mehr.

복수로 물을 때는 welche로 답한다.

   c. Hast du Kinder? Ja, ich habe eins.

   Ja, ich habe welche.

   Nein, ich habe keins.

   Nein, ich habe keine.

das Kind는 중성명사이기 때문에 단수로 말할 때 eins, keins로 대답하고,
복수로 말할 때는 welche, keine로 대답한다.

Negation mit nicht

위의 연습처럼 명사를 직접 부정하는 경우에는 kein-을 사용하지만, 일반적으로 묻는 말에 부정을 하기 위해서는 nicht를 사용한다.

1. Mündliche Übung: Machen Sie einen Dialog wie im Beispiel.

    (Anna aus Spanien? aus Russland, Maria aus Spanien)

    A: Kommt Anna aus Spanien?

    B: Nein, sie kommt nicht aus Spanien. Sie kommt aus Russland.

    A: Maria kommt aus Spanien.

    a. Jitu aus Indonesien? aus China, James aus Indonesien

    b. Kamil aus Italien? aus der Türkei, Mario aus Italien

    c. Boram aus Japan? aus Korea, Ekiko aus Japan

    d. Boris aus der Ukraine? aus der Schweiz, Pjodor aus der Ukraine

2. Mündliche Übung: Bilden Sie einen Dialog wie im Beispiel.

    A: Ist Maria schon da?

    B: Nein, sie ist noch nicht da.

    Mario, Kamil, Jitu, Ekiko, Boram, James, Boris, Pjodor, Alexander

3. **Mündliche Übung: Bilden Sie einen Dialog wie im Beispiel.**

   A: Hast du Zeit?

   B: Nein, ich habe keine Zeit.
      Nein, leider nicht. Ich habe keine Zeit.

   a. Hast du Geld?   Nein, ich habe _____ Geld.

                                 Nein, leider nicht. Ich _____ _____ _____.

   b. Kommst du?   Nein, ich komme _____.

                                 Nein, _____ nicht. Ich habe _____ Zeit.

   c. Hast du einen Freund?   Nein, keinen. Ich habe noch _____ Freund.

                                 Nein, leider keinen. Ich habe noch _____ Freund.

   d. Wohnst du in München?   Nein, ich wohne _____ in München.

                                 Nein, leider nicht. Ich _____ in Augsburg.

4. **Mündliche Übung: Finden Sie eine passende Antwort.**

   a. Hast du viel Geld? _____

          Ja, ich habe viel Geld.

          Ja, ich habe genug Geld.

          Nein, leider habe ich nicht viel Geld.

          Nein, ich habe kein Geld.

   b. Kommst du auch morgen? _____

          Ja, ich komme auch morgen.

          Nein, morgen komme ich nicht.

          Nein, morgen komme ich leider nicht.

c. Hast du schon einen Freund? ....

  Ja, ich habe schon einen Freund.

  Nein, ich habe noch keinen Freund.

d. Wohnst du auch in München? ....

  Ja, ich wohne auch in München.

  Nein, ich wohne nicht in München.

Doch

부정으로 물을 때 그것을 부정하기 위해서는 doch를 쓴다.
이것은 우리말의 대답방법과 다르다.

Es regnet. Mein Freund fragt mich:
(ja, nein의 우리말 번역에 유의해서 문장을 보자.)

우산 있어? Hast du einen Regenschirm?
   응, 있어. Ja, ich habe einen.
   아니, 없는데. Nein, ich habe keinen.

우산 없어? Hast du keinen Regenschirm?
   응, 없어. Nein, ich habe keinen.
   아니, 있어. Doch, ich habe einen.

möchte

singular		Plural	
ich	möchte	wir	möchten
du	möchtest	ihr	möchtet
er-es-sie	möchte	Sie/ Sie	möchten

	Wortstellung		
	Verb 1		Verb 2
Ich	trinke	eine Cola.	
Ich	möchte	eine Cola	trinken.

Modalverben
화법동사

<modal> 이라는 말은 <wie...?>라는 질문에 응답하는 말이다.
<어떻게? 이렇게>. model은 학자에 따라 여러 가지 다른 말로 번역이 된다.
화법 , 양태 ....

독일어 화법동사는 können, wollen, müssen, sollen, dürfen, mögen 등 6개가 있고, 일반동사와 다른 어미변화를 한다.

	können	wollen	müssen	sollen	dürfen	mögen
ich	kann	will	muss	soll	darf	mag
du	kannst	willst	musst	sollst	darfst	magst
er	kann	will	muss	soll	darf	mag
wir	können	wollen	müssen	sollen	dürfen	mögen
ihr	könnt	wollt	müsst	sollt	dürft	mögt
sie/ Sie	können	wollen	müssen	sollen	dürfen	mögen

화법동사는 의미상 1) 주관적으로 주어의 의지나 상황을 표현하거나, 2) 객관적으로 주어가 어떠할 것이라는 상황을 표현할 때 사용한다. 초급단계에서는 주관적인 의미로 사용될 때를 주로 다룬다.

können: 능력, 가능성, 기회

Ich kann schwimmen. 나는 수영을 배워서 지금 수영을 할 줄 안다.

Von hier aus kann man die ganze Stadt sehen. 여기에서 보면 도시 전체를 볼 수 있다.

Du kannst bei mir vorbeikommen. 너는 내 집으로 들리면 되겠다.

wollen: 확고한 의지, 계획

Ich will arbeiten, finde aber keine Arbeit. 나는 일하고 싶은 의욕이 있다, 그러나 일거리가 없다.

Er will nach Haus gehen. 그는 자기 집으로 가려고 한다.

müssen: 사회적 강요, 상황의 긴박성, 간곡한 추천

Sie muss zum Arzt. Sie ist schwer krank. 그 여자는 의사한데 가야 해. 그녀는 심하게 아파.

Es ist schon spät. Ich muss nach Haus. 이미 늦었어. 나는 집에 가야 해.

Sie müssen das Buch unbedingt einmal lesen. 당신은 이 책을 무조건 한번 읽어야 합니다.

sollen: 종교적 계율, 3자의 부탁, 선인들의 말

Du sollst nicht töten. 살인하지 말라.

Wir sollen morgen um 8 Uhr hier sein. 우리는 내일 8시에 여기 와 있어야 해.

Man soll den Tag nicht vor dem Abend loben. 저녁이 되기 전에 그 날을 잘 보냈다고 말하면 안된다.

dürfen: 허가, 권리

Hier darf man nicht rauchen. 여기에서 담배를 피우면 안된다.

Mit 18 darf man in Korea heiraten. 한국에서는 18살이 되면 결혼할 권리가 있다.

mögen: 좋아하다

Marie mag Fisch. 마리는 생선을 좋아한다. (이 경우에는 본동사처럼 쓰인다.)

Ich möchte einen Kaffee trinken. 나는 커피를 마시고 싶다.

Wortstellung
문장의 단어배치

독일어 문장에서는 주어와 동사의 위치에 따라 세 가지 단어배치 방식이 있다. 여기에서 유의해야 할 점은 동사가 2개 이상 나올 때이다.

1) 주어 동사

Subjekt	Verb 1		Verb 2
Ich	trinke	einen Kaffee.	
Ich	möchte	einen Kaffee	trinken.

2) 동사 주어

Verb 1	Subjekt	Verb 1		Verb 2
Trinkst	du		auch einen Kaffee?	
Willst	du		auch einen Kaffee	trinken?

Fragewort	Verb 1	Subjekt		Verb 2
Woher	kommst	du?		
Was	willst	du		trinken?

3) 주어 .... 동사

Die Lehrerin ist böse, weil wir nicht fleißig lernen.
Sie ist böse, weil ich nicht richtig antworten will.

Konjunktion	Subjekt		Verb 2	Verb 1
weil	wir	nicht fleißig		lernen.
weil	ich	nicht richtig	antworten	will.

1. Was können Sie?   Was können Sie nicht?

   a. Ich kann

   ....

   ....

   ....

   ....

   ....

   b. Ich kann (noch) nicht

   ....

   ....

   ....

   ....

   ....

   schwimmen, Rad fahren,
   Auto fahren, Ski fahren,

   Englisch sprechen, Spanisch verstehen, Chinesisch schreiben, Arabisch lesen, Klavier spielen, Violine spielen…

   drei Minuten nicht atmen, ohne Pause vier Stunden arbeiten,

   ……

2. Welche Verben passen im Satz?

A: _____ wir heute Abend ins Kino gehen?

B: Nein, heute _____ ich leider nicht.
Ich _____ zu Hause bleiben und Hausaufgaben machen.

(müssen, wollen, können)

A: Hast du morgen Abend Zeit?

B: Ja, warum?

A: Ich habe zwei Karten für ein Konzert. Ich _____ dich einladen.
Nach dem Konzert _____ wir zusammen essen gehen.

B: Das ist gut. Ich _____ gerne mit kommen.
Was kostet das? Was _____ ich für die Karte zahlen?

A: Nichts. Das ist eine Einladung.

(möchten, wollen, können, müssen)

3. Sehen Sie die Schilder und sagen Sie, was das bedeuten.

Test zur Selbstkontrolle

(Diktat-und Hörtexte S.279)

 Diktat : Hast du einen Führerschein?

Neue Wörter :

der Führerschein, das Verkehrsschild, -er, bedeuten, überall, das Parkverbot, überholen, breit ↔ eng, die Autobahn, der Bus, der LKW, der Lastkraftwagen

....

....

Schriftlicher Ausdruck

1. Wie soll die Frage lauten, um die unterstrichenen Antworten zu hören?

    a. .... besuchst du hier einen Deutschkurs, Anna?
    Weil ich eine Ausbildung machen will.
    Dazu brauche ich unbedingt Deutsch.

2. .... sprechen Sie so gut Deutsch?
    Meine Großeltern sprachen mit mir Deutsch. Das habe ich nicht ganz vergessen.

3. .... ist dein Hauptfach, Kurt?
    Mein Hauptfach? Ich habe zwei Hauptfächer, Literatur und Ethnologie.

4. .... darf man in deinem Land heiraten, ohne Erlaubnis der Eltern?
    Mit 25 Jahren. Theoretisch darf ich schon ein Mädchen heiraten.

5. .... Berufe sind unter den jungen Menschen in Europa beliebt?
    Bei Jungen vor allem Berufe, die mit Auto zu tun haben. Bei Mädchen sind Berufe bevorzugt, bei denen man im Büro sitzt und arbeitet.

Hörverstehen 1.   Interview mit einem Studenten aus Äthiopien

Fragen zum Interview (richtig oder falsch)

a. Daniel kommt aus Israel. (   )

b. Addis Abeba ist die Hauptstadt Israels. (   )

c. Äthiopien liegt westlich vom Sudan. (   )

d. Daniels Eltern sind Deutsche. (   )

e. Er will in München Physik studieren. (   )

 Hörverstehen 2.   Interview mit einer französischen Schülerin

Hören Sie das Interview zweimal und antworten Sie auf die Fragen.

a. Marie kommt aus Straßburg. (   )

b. Straßburg ist eine deutsche Stadt.(   )

c. Ihre Großeltern sprechen immer noch Deutsch.(   )

d. Ihre Großeltern sprechen kein Wort Französisch.(   )

e. Marie hat eine Ausbildung als Mode-Designerin gemacht. (   )

f. Sie will in Straßburg arbeiten. (   )

Kapitel 6 Sprachen

보람이네 반 수강생들 Kursteilnehmer은 출신국가 Herkunftsland가 다를뿐 아니라 모어 Muttersprache도 다 다르다. 그래서 쉬는 시간이면 이런 대화를 자주 듣는다

Dialog 1 Kannst du Englisch?

A: Kannst du Englisch?

B: Ja. Good morning. How are you?

A: Und Französisch?

B: Kein Wort.

1. Mündliche Übung: Führen Sie ein Gespräch wie im obigen Dialog.

   A: Kannst du Koreanisch?

   B: Ja, ...

   A: Und Russisch?

   B: ....

Koreanisch	Annyonghaseyo	Russisch
Italienisch	Buongiorno	Vietnamesisch
Chinesisch	Ni hao	Ungarisch
Japanisch	Konnichwa	Hindi

2. Mündliche Übung: Sprechen Sie wie im Beispiel.

   A: Sprichst du Englisch?

   B: Ja, ich spreche Englisch und verstehe ein bisschen Deutsch.

Englisch–Deutsch
Französisch–Russisch
Koreanisch–Chinesisch
Spanisch–Vietnamesisch
Japanisch–Englisch

| Grammatik Konjugation sprechen ||
singular	plural
ich spreche	wir sprechen
du sprichst	ihr sprecht
er spricht	sie sprechen

3. Mündliche Übung: Sprechen Sie wie im Beispiel.

   A: Spricht er Englisch?

   B: Ja, er ist Engländer.

   a. ....

   b. ....

   A: Spricht sie Englisch?

   B: Ja, sie ist Engländerin.

   c. ....

   Französisch
   Spanisch   d. ....
   Deutsch
   Chinesisch
   Koreanisch.....   e. ....

> **LESETEXT 1 Fremdsprachenkenntnisse der Deutschen zwischen 15 und 34 Jahren (Statistik)**
>
> Englisch 92%, Französisch 33 %, Italienisch 18%, Spanisch 17%, Russisch 17%

1. Schriftliche Übung: Schreiben Sie weiter.

   92% der Deutschen zwischen 15 und 34 Jahren können Englisch. Wenn sie Englisch hören, verstehen sie es. Sie können auch Englisch lesen, sprechen und schreiben.

   ....
   ....
   ....
   ....
   ....
   ....

2. Mündliche Übung: Recherchieren und diskutieren Sie in der Klasse.

   ### Wie sieht es in Korea aus?

   a. Wie viel Prozent der Koreaner zwischen 15 und 34 Jahren können etwas Englisch?

   b. Wie viel Prozent der Studenten in Korea können Englisch hören und sprechen?

   c. Wie viel Prozent der Mittel- und Oberschüler in Korea können Englisch verstehen?

   ....
   ....
   ....

Wie sieht es in anderen Ländern aus?

_____

_____

_____

> **Grazie, Thank you, Hvala, Takk, Danke, Merci,
> Gracias, Dankie, Obrigado, Xiexie, 감사합니다**

1. Mündliche Übung: Sprechen Sie wie im Beispiel.

   A: Ich glaube, grazie ist Italienisch.

   B: Richtig. Grazie ist ein Dankeschön in Italienisch.

2. Mündliche Übung: Sprechen Sie wie im Beispiel.

   A: Wie sind deine Fremdsprachenkenntnisse?

   B: Ich spreche sehr gut _____, gut _____, ein bisschen _____, aber kein Wort _____
   Und du? (Fragen Sie Ihren Nachbarn oder Ihre Nachbarin weiter.)

   C: _____

   _____

3. Mündliche und dann schriftliche Übung: Antworten Sie wie im Beispiel.

> **Ist Deutsch schwer zu lernen?**

Ja, es ist schwer zu lernen.

Nein, es ist nicht schwer zu lernen.

a. ....?

Ja, ...

Nein, ...

Englisch, Chinesisch, Spanisch, Hindi, Arabisch, Portugiesisch, Russisch, Französisch.......

4. Mündliche und dann schriftliche Übung: Sprechen Sie wie im Beispiel.

> **Koreaner: Deutsch ist schwer zu lernen.**
> **Deutscher: Für Koreaner ja.**
> Aber für Deutsche ist Koreanisch genau so schwer zu lernen.

a. A: Englisch ist schwer zu lernen.

B: Für Koreaner ja.

Aber .... Engländer .... Koreanisch ....

b. Portugiese: Spanisch ist nicht schwer zu lernen.

   Italiener: Für Italiener ist Spanisch auch nicht schwer zu lernen.

c. Spanier: Portugiesisch ist nicht schwer zu lernen.

   Italiener: Für .... ist Portugiesisch auch .... zu lernen.

d. ....

LESETEXT 2 Weltsprachen (Statistik)

Sprachen	als Muttersprache sprechen (in Millionen)	wird gesprochen in Ländern (auch in Migration)
Chinesisch (Mandarin)	1213	31
Spanisch	329	44
Englisch	328	112
Hindi	242	23
Arabisch	221	57
Bengalisch	181	10
Portugiesisch	178	37
Russisch	144	33
Japanisch	122	25
Deutsch	90	43
Koreanisch	70	?
Französisch	68	60

aus: http://de.wikipedia.org/wiki/weltsprachen

1. Fragen zum Text

    a. Welche Sprache wird am meisten gesprochen?

    .... – .... – .... – ....

    b. Welche Sprache wird in den meisten Ländern gesprochen?

    .... – .... – .... – ....

2. Weltsprache ist eine Sprache, die in vielen Ländern gesprochen wird und international wichtig ist. Verkehrssprache.

    a. Welche Sprache wird in vielen Ländern gesprochen?

    ....

    b. Welche Sprache ist international wichtig?

    ....

3. Weitere Fragen

    a. Wie viele Menschen sprechen Koreanisch als Muttersprache?

    ....

    b. In wie vielen Ländern wird Koreanisch gesprochen?

    ....

    c. Ist Koreanisch eine Weltsprache?

    ....

Worterklärung

Muttersprache — die Sprache, die ein Kind lernt, wenn es zu sprechen beginnt.

Zweitsprache — die Sprache, die man nicht als Muttersprache sondern als Fremdsprache lernt und in den Schulen oder im Berufsleben spricht.

Fremdsprache — die Sprache, die nicht vom eigenen Volk gesprochen wird und die man zusätzlich zu seiner eigenen Sprache erlernen kann.

LESETEXT 3 Welche Fremdspache ist leicht zu lernen?

Das Foreign Service Institut in den USA hat 1985 einen Bericht über Fremdsprachenunterricht erstattet. Man hat jede Gruppe 30 Stunden pro Woche unterrichtet. Die Versuchskaninchen haben nach unterschiedlichen Zeitspannen das Ziel erreicht.

Das Ziel war: Man kann im Alltagsleben einigermaßen mit den Muttersprachlern kommunizieren und sich mündlich und schriftlich ausdrücken.

Unten ist das Ergebnis.

Ausgangs-sprache	20 Wochen	24 Wochen	32 Wochen	44 Wochen	92 Wochen
Englisch	Deutsch Französisch Italienisch Spanisch	Afrikanisch Dänisch Holländisch Norwegisch Schwedisch Swahilli	Indonesisch Malaiisch	Bulgarisch Finnisch Griechisch Hebräisch Russisch Ungarisch Türkisch	Arabisch Chinesisch Japanisch Koreanisch

1. Mündliche Übung: Bilden Sie aus der Statistik Sätze wie unten.

a. Für Englischsprechende ist Deutsch relativ leicht zu lernen.

Sie brauchen nur 20 Wochen Unterricht, um es einigermaßen zu sprechen.

Denn die Sprachen sind verwandt.

*Englischsprechende 영어를 말하는 사람들, 영어를 모어로 사용하는 사람들
Die Sprachen sind verwandt. 그 언어들은 유사한 어족에 속한다.

sehr leicht, leicht, relativ leicht, nicht leicht, schwer, sehr schwer

b. ....

....

....

....

....

c. Für Koreanischsprechende ....

....

....

Meinungsverschiedenheit

Der Optimist sagt:	Der Pessimist sagt:
Deutsch lernen?	
Deutsch ist leicht.	Deutsch ist schwer.
Ich verstehe viel.	Ich verstehe wenig.
Ich lerne schnell.	Ich lerne langsam.
Ich spreche gut Deutsch.	Ich spreche schlecht Deutsch.
Zwei Kilometer?	
Das ist nah.	Das ist weit.
Das ist möglich	Das ist unmöglich.
Das kann ich schaffen.	Das kann ich nicht schaffen.

1. Mündliche Übung: Suchen Sie nach weiteren Themen und diskutieren Sie. Spielen Sie dabei den Optimist oder den Pessimist.

   a. Drei Jahre für eine Berufsausbildung

   b. Acht Jahre für ein Studium in Deutschland

   c. 500 Euro Stipendium für einen Monat

   d. ....

   e. ....

   f. ....

LESETEXT 4 **Englischunterricht in Korea**

In Korea lernen viele Englisch. Einige lernen schon im Kindergarten Englisch, andere etwas später in der Grundschule. Wenn sie in die Mittelschule und in die Oberschule gehen, lernen alle die fremde Sprache weiter. Warum? Weil Englisch eine Weltsprache ist.

Das Problem ist, dass die Englischlerner nicht genug Gelegenheit haben, mit einem Muttersprachler ins Gespräch zu kommen. Außerdem sind die Klassen zu groß, um reichlich die Zielsprache zu hören und über einen Text zu diskutieren. Daher kommt man oft in Versuchung, Texte zu übersetzen oder grammatische Regeln zu erklären. Das Resultat: Man investiert beim Englischlernen viel Zeit und Energie, aber das Sprachgefühl der Lerner ist dafür nicht gut genug. Ist es nicht ein reiner Zeitverlust, oder hat es trotzdem einen Sinn?

Worterklärung

im Kindergarten	유치원에서	**Grundschule**	<die,-n>초등학교
Mittelschule	<die,-n> 중학교	**Oberschule**	<die,-n>고등학교
Gelegenheit	<die,-en> 1. 무엇을 하기에 좋은 시점 2. 무엇을 할 수 있는 가능성		
Muttersprachler	<der> 모어사용자		
mit jemandem ins Gespräch kommen	누구와 대화를 나누게 되다		
reichlich	adj. 넉넉한, mehr als genug		
in Versuchung kommen	유혹에 빠지다, verführt werden		
Resultat	<das,-n> 결과, das Ergebnis		
investieren	v. 투자하다		
Sprachgefühl	<das> 어감, 어떤 언어에서 어떤 표현이 옳고 적절한지 식별하는 능력, die Fähigkeit zu erkennen, was in einer Sprache richtig und angemessen ist		
rein	adj. 1. 순전한, 순수한, pur 2. 다른 음이나 색과 혼합되지 않은 3. 깨끗한, 더럽지 않은 4. 성적인 욕망이 없는, 생각이 순수한		
Zeitverlust	<der> 시간낭비		
Sinn	<der,-e> 1. 시각, 청각, 후각, 미각, 촉각 등의 감각 2. 내면적인 관계, innere Beziehung, 3. 의미, Bedeutung		

1. Fragen zum Text

   a. Wann lernen die Kinder in Korea Englisch?

   ....

   b. Was ist beim Englischlernen das Problem?

   ....

   c. Wozu werden sie verführt?

   ....

   ....

2. Was meinen Sie dazu? Diskussion.

   > **Ist Englischlernen in Korea ein Zeitverlust oder hat es doch einen Sinn?**

   Es hat einen Sinn, Englisch zu lernen.

   Pro ....

   ....

   Nach meiner Meinung ist es ein reiner Zeitverlust.
   Es hat keinen Sinn, Englisch zu lernen.

   Kontra ....

   ....

3. Mündliche Übung: Wollen Sie gut Englisch sprechen? Sind Sie ein Optimist oder ein Pessimist? Diskutieren Sie in der Klasse.

> **Wenn man neue Unterrichtsmethoden benutzt, kann man leichter das Ziel erreichen.**
> **Trotz der neuen Unterrichtsmethode lernt man eine Fremdsprache nicht so leicht.**

Wenn man ....

Wenn man ....

Wenn man ....

Trotz ....

Trotz ....

Trotz ....

neue Unterrichtsmethode, kleine Klassenstärke, gute Lehrer,
neue Lehrwerke, Kenntnisse der grammatischen Regeln, ...

LESETEXT 5 Early is easy

Drei - bis Sechsjährige lernen im Kindergarten Englisch

"Early is easy" -"Je früher desto leichter" heißt das Motto des Projekts "Englisch im Kindergarten". Kinder lernen Englisch mit einem großen schwarzen Vogel. Er heißt 'Birdie Bird' und versteht kein Deutsch. Die Kinder können nur auf englisch mit 'Birdie Bird' sprechen. Zum Beispiel singen sie an einem Geburtstag alle "Happy Birthday to you", fragen ihn "How old are you" und ob er "chocolate or tea" möchte.

Auch die Kontakte zu einem amerikanischen Kindergarten sind eine Motivation für das Englischlernen. "Heute waren die Afrikaner da", erzählt ein Kind zu Hause. Die Drei- bis Sechsjährigen lernen so schon früh eine andere Sprache und Kultur kennen.

'Birdie Bird' kommt nur einmal pro Woche 20 Minuten, und die Kinder lernen in kleinen Gruppen nur fünf Wörter. Sie üben mit Melodien, Spielen, Gestik, Mimik und in Situationen. Das Motto ist: Lernen mit Spaß.

Worterklärung

Drei - bis Sechsjährige	세 살박이부터 여섯 살박이까지의 아이들		
drei Jahre alt → dreijährig			
Je früher desto leichter	더 일찍 시작할수록 더 쉽다 je 비교급 desto 비교급 ~하면 할수록 더욱 ~하다 Je mehr, desto besser. 더 많을수록 더 좋다.		
in kleinen Gruppen	소수인원으로 된 집단		
mit Melodien	선율과 함께, 노래를 부르면서	**mit Spielen**	게임을 하면서
mit Gestik	몸짓을 하면서	**mit Mimik**	표정을 지으면서
in Situationen	상황에 따라	**Motto**	\<das\> 모토
Lernen mit Spaß	재미있게 배우기		

**Lesestrategie
읽기전략**

독일어 텍스트를 읽을 때 요령은 제목 Titel부터 시작하는 것이다.

그 다음에 텍스트에 나오는 아는 단어부터 확인하는 것이다. 텍스트에서 아는 단어나 단어로 연결된 구를 적어보자. 그리고 그것이 독일어인지, 아니면 우리가 이미 알고 있는 외래어인지를 적어보자. 그것이 고유명사인지, 숫자인지, 마지막으로 그 단어가 앞의 여러 요소에 해당되지 않는 타언어에서 나온 것인지 분류해 보는 것이다.

1. Was hast du verstanden? Schreiben Sie die Wörter auf. Was für Wörter sind das?

Das habe ich verstanden	deutsche Wörter	Internationalismus	Namen	Zahlen	Wörter aus anderen Sprachen
Projekt					
Englisch					
Kindergarten					

2. Steht das im Text? (ja oder nein)

a. Die Kinder sind drei bis sechs Jahre alt. (   )

b. Birdie Bird spricht Englisch und Deutsch. (   )

c. Die Kinder haben Kontakte mit afrikanischen Kindern. (   )

d. Die Kinder lernen fünf englische Wörter pro Tag. (   )

e. Sie singen Lieder auf englisch und lernen mit Spielen. (   )

f. Das Englisch-Programm ist sehr intensiv. (   )

Wortschatz

intensiv 1. mit viel Arbeit oder Energie ↔ extensiv 2. stark ↔ schwach

ein Intensivkurs 집중과정, 예를 들면 일주일에 24-30시간짜리 과정
ein Extensivkurs 느린 과정, 예를 들면 일주일에 4시간-8시간짜리 과정
die Intensivstation 중환자실, 집중치료실

---

3. Schriftliche und mündliche Übung: Bilden Sie einen Satz mit

" je ……., desto ……………… "

a. Beim 100-Meter Lauf ....

b. Beim Hochspringen ....

c. Beim Wasserspringen ....

d. Beim Marathon ....

e. Beim Schwimmen ....

f. Beim Skisport ....

g. Beim Eisschnelllauf ....

h. Beim Eiskunstlauf ....

      schneller   höher   weiter   schöner   eleganter

LESETEXT 6 **Kinderreim**

Eins, zwei, drei,

alt ist nicht neu,

neu ist nicht alt,

warm ist nicht kalt,

kalt ist nicht warm,

reich ist nicht arm,

arm ist nicht reich,

und hart ist nicht weich.

각 행의 마지막 단어와 다음 행의 마지막 단어는 짝을 이룬다.

구체적으로 drei-neu/alt-kalt/warm-arm/reich-weich 같거나 비슷한 모음을 가지고 있어서 운율Reim 이라고 부른다. 왜 운율인가? 여러 가지 이유가 있겠지만 일단은 시행에 운율이 있으면 같은 소리가 나기 때문에 읽거나 들을 때 재미가 있고, 그 결과 암기하기에 좋다. 그래서 함축적인 표현을 하는 명구나 시에 자주 운율이 등장한다.

Eile mit Weile

Ende gut, alles gut.

Worterklärung

neu-alt adj. 새로운-낡은
kalt-warm adj. 차가운-따뜻한
reich-arm adj. 돈이 많은-가난한
hart weich adj. 딱딱한 -부드러운

Wortschatz

der Reim: der gleiche oder ähnliche Klang von Wörtern oder Silben am Ende von zwei oder mehr Zeilen eines Gedichtes.
der Klang: ein angenehmer Ton
angenehm: adj. 1. 기분 좋은 느낌을 불러일으키는
2. 좋은 인상을 남기는
3. 소개받을 때 응답하는 말
　　Mein Name ist Wecker.
　　-Angenehm. Ich heiße Meyer.

Volkslied **Hänschen klein geht allein**

어린 한스는 혼자 넓은 세상으로 간다.
지팡이와 모자가 잘 어울리고 기분도 좋다.
그러나 어머니는 눈물을 짓네, 더 이상 볼 수가 없어서.
어린 한스가 혼자 넓은 세상으로 간다.

이 민요는 중세부터 민요로 즐겨 불리던 노래이다. 한스가 직업을 배우기 위해서 고향집을 떠나는 장면이다. 고향마을에 장인(匠人, Meister)이 없으면 장인을 찾아 다른 마을이나 도시로 가야하는 것이다. 사회체제와 교육제도가 자리를 잡은 오늘날은 기초학교 Grundschule 4년 후 중학교 Hauptschule 5년을 마치고 난 다음, 다시 말하면 15살쯤 될 때 3년간 직업교육 Berufsausbildung을 받기 위해서 직업학교와 직업을 실기로 배우는 직장을 동시에 번갈아 다닌다. 이런 신분을 der Auszubildende (Azubi) 라고 한다.

1. Mündliche Übung: Sprechen Sie wie im Beispiel.

A: Was ist das Gegenteil von schön?

B: Das Gegenteil von schön ist hässlich.

a. ....
....

b. ....
....

c. ....
....

d. ....
....

e. ....
....

neu-alt　　　　　새것인-낡은
schnell-langsam　빠른-느린
billig-teuer　　　싼-비싼
groß-klein　　　　큰- 작은

2. Mündliche Übung: Sprechen Sie wie im Beispiel.

> **Das Haus**　　Es ist neu. Es ist nicht alt.

a. Das Auto　　Es ist schnell. Es ist nicht ....

b. Der Garten　Er ist sehr groß. Er ist nicht ....

c. Das Fahrrad　Es ist teuer. Es ist nicht ....

3. Mündliche Übung: Sprechen Sie wie im Beispiel

A: Wie finden Sie das Auto?

B: Ich finde es schön.

a. Ich finde es ....

b. ....

super, schnell, teuer, schön, häßlich, billig, langsam, schrecklich

c. ....

Dialog 2 Mir geht es auch viel besser

Herr Müller: Na, wie geht es Ihnen, Frau Peters?

Frau Peters: Danke, schon besser. Und Ihnen, Herr Müller?

Herr Müller: Mir geht es auch viel besser.
Wir sind nicht mehr jung. Wir werden älter.

Frau Peters: Wenn man alt ist, hat man zwar mehr Zeit, aber auch mehr Sorgen.

Herr Müller: Jung sollte man bleiben. Das wäre das Beste.

Worterklärung

besser	adj. 형용사 gut의 비교급, 최상급형은 am besten
wenn man alt ist	사람이 늙으면
zwar – aber	비록 –하지만 그래도
Sorge	<die,-en> 걱정, Kummer
Das ist....	그것은 ---하다. 이 문장은 현실을 나타내는 문장인데. 이것을 비현실 가정문으로 바꾸면 das wäre .... 그것은 ...한텐데.
Das Beste	가장 좋은 것, 최선이나 최상의 것

1. Mündliche Übung: Antworten Sie frei.

   a. Na, wie geht es Ihnen, Herr Müller?

      (Mir geht es) gut.

      (Mir geht es) schon besser.

      (Mir geht es) nicht schlecht.

   b. Wie geht's, Maria?

      Sehr gut.

      Ausgezeichnet.

      So lala.

   c. Na, wie geht es Ihnen, Herr/Frau ....?

   d. Na, wie geht's?

2. Mündliche und dann schriftliche Übung: Antworten Sie wie im Beispiel.

   A: Mein Auto ist schnell.

   B: Sein Auto ist viel schneller.

   a. Mein Garten ist schön.

      Sein Garten ist noch ....

   b. Meine Freundin ist hübsch.

      Seine Freundin ist viel ....

   c. Ich bin sparsam.

      Er ist ....

3. Mündliche und dann schriftliche Übung: Bilden Sie aus drei Sätzen neue Sätze.

> ① Man ist alt.
> ② Man hat mehr Zeit.
> ③ Man hat auch mehr Sorgen.
> → **Man hat zwar mehr Zeit, aber auch mehr Sorgen.**
> → **Wenn man alt ist, hat man zwar mehr Zeit, aber auch mehr Sorgen.**

a. Man ist fleißig.

   Man arbeitet länger als andere und verdient mehr Geld.

   Man hat noch weniger Zeit zum Nachdenken.

   → ....

   → ....

b. Man ist intelligent.

   Man bekommt einen besseren Job.

   Man bekommt auch mehr Streß.

   → ....

   → ....

c. Man hat viele Kinder.

   Man bekommt mehr Freude an den Kindern.

   Man muss noch länger arbeiten und mehr Geld verdienen.

   → ....

   → ....

4. Bilden Sie freie Sätze wie im Beispiel.

> **Jung sollte man bleiben. Das wäre das beste.**

a. ....

b. ....

c. ....

d. ....

e. ....

gesund, ohne Runzeln, weise, ehrlich, in vollem Bewusstsein, in guten Kontakten, ...

Zitate

Junge soll man lehren.

Alte soll man ehren.

Weise soll man fragen.

– Alter chinesischer Spruch

Adjektiv 형용사

1. 형태

singular	Form	Beispiel
Positiv 원급	alt	Das Rathaus ist alt. Es ist über 500 Jahre alt.
Komparativ 비교급	älter	Die Kathedrale ist noch älter. Sie ist 600 Jahre alt.
Superlativ 최상급	am ältesten die älteste	Die Brücke ist am ältesten. Die ist aus der Römerzeit. Das ist die älteste Brücke in Deutschland.

2. 규칙변화와 불규칙변화

a. 규칙변화

Positiv	Komparativ	Superlativ 서술적	Superlativ 부가어적 Der/das/die
alt	älter	am ältesten	älteste ...
schnell	schneller	am schnellsten	schnellste ...
lang	länger	am längsten	längste ...
groß	größer	am größten	größte ...
billig	billiger	am billigsten	billigste ....

b. 불규칙변화

Positiv	Komparativ	Superlativ	
		서술적	부가어적 Der/das/die
gut	besser	am besten	beste ...
hoch	höher	am höchsten	höchste ...
viel	mehr	am meisten	meiste ...
gern	lieber	am liebsten	liebste ...
nah	näher	am nächsten	nächste .....

3. 용법

a. prädikativ 서술적

Meine Familie

Mein Bruder ist groß. Er ist ein Meter achtzig groß.
Mein Onkel ist noch größer. Ein Meter neunzig.
Mein Großvater ist am größten. Er ist zwei Meter groß.

Mein Onkel ist größer als mein Bruder.
Mein Großvater ist auch größer als mein Onkel.

Ich bin nicht so groß wie mein Bruder oder mein Onkel.
Ich bin der kleinste in der Familie.

b. attributiv 부가적

München- eine große Stadt im Süden.

Sie hat 1,5 Millionen Einwohner.

Kassel ist eine größere Stadt in der Mitte. Sie hat ungefähr zweihunderttausend Einwohner.

Welche Stadt ist am größten in Deutschland?

Berlin. Es ist die größte Stadt in ganz Deutschland.

Vergleich

Eine alte Dame ist zum Beispiel über 90 Jahre alt.

Eine ältere Dame ist jünger als eine alte Dame. Sie ist zum Beispiel 70 Jahre alt.

1. Schriftliche und dann mündliche Übung.

Wunsch	Sie wollen die Geschichte und Kunst des Landes kennen lernen. Sie wollen schnell Deutsch lernen. Sie wollen besser, schneller, eleganter und effizienter schwimmen. Sie wollen gesund leben. Sie wollen sich nicht langweilen.
Vorschlag	Besuchen Sie einen Intensivkurs! Rauchen Sie nicht. Trinken Sie nicht zu viel. Treiben Sie regelmäßig Sport. Lesen Sie Bücher über das Land. Gehen Sie nach Deutschland. Besuchen Sie das Nationalmuseum! Üben Sie jeden Tag im Schwimmbad. Kaufen Sie eine Kamera und lernen Sie Fotografieren.

Wenn Sie schnell Deutsch lernen wollen, besuchen Sie einen Intensivkurs.

....

....

....

....

LESETEXT 7 Sparsamkeit geht über Treue

Die deutsche Frau muss sparsam, treu, sauber, herzlich, natürlich, fleißig, ehrlich, hübsch, klug, ordnungsliebend, humorvoll, pünktlich, verschwiegen und selbstlos sein. Das jedenfalls ist die Meinung der Männer.

Ein Institut für Demoskopie stellte fest: 65% aller deutschen Männer sehen die Sparsamkeit als die wichtigste Eigenschaft der Frau an. Erst dann folgen mit 62% die Treue und mit 60% die Sauberkeit. 38% der befragten Männer wollen hübsche Frauen, 39% ordnungsliebende, 29% kluge, 25% humorvolle, 15% pünktliche, 14% verschwiegene und 9 % selbstlose Frauen. Sechzehn- bis 29-jährige bevorzugen treue Frauen, 56% natürliche, 55% saubere und 54% sparsame Partnerinnen.

Bei den Angestellten, Beamten und Selbstständigen steht mit 63% die Treue als die wichtigste Eigenschaft der Frau an erster Stelle. Bei den 60-jährigen und älteren erreicht die Sparsamkeit mit 77% einen absoluten Spitzenwert.

Worterklärung

Sparsamkeit	<die> sparsam 절약하는- 명사형
Treue	<die> treu 충실한 -명사형
treu	adj. 1. 친구 사이에 완전한 신뢰가 있는 2. 부부 이외 다른 섹스파트너가 없는 3. 고객이나 팬 등이 오랜 세월 지속적인 지원을 하는
sauber	adj. 1. 더럽지 않은 2. 청소나 세탁을 마친 새것 3. 세심하고 정확한
herzlich	adj. 친절하고 사랑스러운, freundlich und liebevoll
natürlich	adj. 가식이 없는, 자연스러운, 천진한
fleißig	adj. 부지런한
ehrlich	adj. 솔직한
hübsch	adj. 외모가 예쁜, 보기 좋은
klug	adj. 머리가 영리한
ordnungsliebend	adj. 질서를 존중하는
humorvoll	adj. 유머 감각이 있는
pünktlich	adj. 약속시간을 잘 지키는,
verschwiegen	adj. 비밀을 잘 누설하지 않는, 입이 무거운
selbstlos	adj. 자신의 이익만 챙기지 않는, 희생적인
befragt	adj. (예술가난 그들의 작품 등이) 많은 사람들이 찾는, 인기가 있는
Meinung	<die,-en> 견해, 의견
Institut	<das.-e> 연구소
Demoskopie	<die> 여론, Meinungsforschung
folgen	v. jemandem folgen 누구의 뒤를 따르다
Eigenschaft	<die> 특징, 성질
bevorzugen	v. 더 좋아하다, 우선적으로 선택하다
erreichen	v. 도달하다
absolut	adj. 절대적인
Spitzenwert	<der> 최고의 가치

1. Lesen Sie den Text und suchen Sie passende Wörter oder Zahlen.

a. Die Männer sagen, sie wollen eine Frau, die .... ist.

Eigenschaften	Prozent
sparsam	65%

b. Die deutsche Frau soll .... sein.

c. Die deutsche Frau soll   in erster Linie   .... sein.

   vor allem

   als wichtigste Eigenschaft

d. Was ist die wichtigste Eigenschaft der Frau?

Bei jungen Männern (zwischen 16 und 29 Jahren) ist .... die wichtigste Eigenschaft der Frau.

Bei Beamten, Angestellten und Selbstständigen steht .... an der ersten Stelle.

Die älteren Männer (älter als 60 Jahre) halten .... als die wichtigste Eigenschaft der Frau.

2. Warum sind solche Eigenschaften der Frauen für Männer wichtig?

....

....

....

....

3. Welche Eigenschften habe ich?

Ich bin ....

....

4. Welche Eigenschaften erwarten Sie von Ihrem Partner/Ihren Freunden?

Idealbild meines zukünftigen Mannes oder Freundes	Idealbild meiner zukünftigen Frau oder Freundin

5. Aus Adjektiven kann man Nomen machen. Was kommt am Ende?

   –heit oder –keit? Oder was noch?

	–heit	–keit	?
sparsam		die Sparsamkeit	
treu			
sauber			
herzlich			
natürlich			
fleißig			
ehrlich			
hübsch			
klug			
ordnungsliebend			
humorvoll			
pünktlich			
verschwiegen			
selbstlos			

6. Wie ist er? Wie ist sie?

a. Was er tut, tut er mit großem Fleiß. Er ist _____

b. Er arbeitet viel. Er ist _____

c. Sie strebt vorwärts. Sie ist _____

d. Man kann sich auf sie verlassen. Sie ist _____

e. Sie ist immer bereit zu helfen. Sie ist _____

f. Sie spart viel. Sie ist _____

g. Sie interesseirt sich für Politik. Sie ist _____ _____

h. Sie hat Humor. Sie ist _____

i. Er hat keine Arbeit. Er ist _____

arbeitsam, arbeitslos, strebsam, hilfsbereit, sparsam, humorvoll, politisch interessiert, fleißig, zuverlässig

7. Mündliche Übung: Sie spielen jetzt einen Interviewer in einem Vorstellungsgespräch.

Welche Eigenschaften der Bewerber werden in Betrieben und Unternehmen Ihrer Meinung nach in Korea bevorzugt?

Bei Männern	Bei Frauen

8. Was sind die Gründe dafür? Machen Sie dazu eine Interpretation.

....

....

....

....

Test zur Selbstkontrolle

(Diktat-und Hörtexte S.281)

 Diktat : Deutsch ist mit Norwegisch verwandt

Neue Wörter :

der Nachbar, wunderschön, unbedingt, relativ, verwandt, Indo-Germanisch, die Sprachfamilie, die Sprachgruppe, Altaisch, Ural-altaisch

....

....

Schriftlicher Ausdruck

1. Fragen zum Bild

   a. .... ist das Bild?

   Das ist ein Bild von ....

   b. .... heißt das Bild?

   Das Bild heißt ....

   c. .... lebte der Künstler?

   Er lebte von .... bis ....

   d. .... kommt der Künstler?

   Er kommt aus den ....

   e. .... für ein Künstler ist er?

   Er ist ein Künstler, der viel .... malte.

Pieter Bruegel der Ältere (geboren 1525 in Breda–gestorben 1569 in Brüssel)
Maler der Niederländischen Renaissance
Bauernleben

Seine Werke:
Die niederländischen Sprichwörter (1559)
Der Kampf zwischen Karneval und Fasten (1559)
Die Kinderspiele (1560)
Großer Turmbau zu Babel (1563)
Die Bauernhochzeit (1568)

2. Geschichte der Sprachverwirrung   Ergänzen Sie die Sätze.

Das ist ein leicht bearbeiteter Bibeltext. (1 Moses, Kapitel 11)

Die Menschen hatten damals noch eine _____ allen gemeinsame _____

Sie kamen von Osten und im Land Schinar schlugen sie ihre _____ auf.

Sie sagten: "An die Arbeit! Wir _____ uns eine Stadt mit einem _____, der bis an den _____ reicht! Dann werden wir in aller Welt berühmt."

Der Herr kam vom Himmel herab, um die Stadt und den Turm anzusehen, die sie bauten.

Er sagte sich: "Wohin wird das noch führen? Wenn sie diesen _____ vollenden, wird ihnen nichts mehr unmöglich sein. Sie werden alles ausführen, was ihnen in den Sinn kommt."

"An die Arbeit! Wir steigen hinab und verwirren ihre _____, damit keiner mehr den anderen versteht."

So zerstreute sie der Herr über die ganze Erde, und sie mussten ihre _____ aufgeben.

Darum wird diese Stadt Babel (bedeutet verwirren) genannt, denn dort hat der Herr die _____ der Menschen verwirrt und von dort aus die Menschheit über die ganze Erde zerstreut.

Bau, bauen, Sprache, Zelte, Turm, Himmel, Pläne, einzige ....

Wortschatz

jemanden verwirren   v. machen, dass jemand nicht mehr klar denken kann.

Du hast mich mit zu vielen Informationen verwirrt.
Der Professor stellte mir verwirrende Fragen.
Sie guckte mich verwirrt an.

Hörverstehen 1   Interview mit Juha

Hören Sie das Interview zweimal und antworten Sie auf die Fragen.

1. Fragen zum Text: Richtig oder falsch?

    a. Juha ist Student und studiert in Deutschland.   ....

    b. Er kann Finnisch, Schwedisch, Englisch und Russisch sprechen.

    ....

    c. Im Englischunterricht sprechen die Lehrerin und die Schüler Englisch und Finnisch. .   ...

    d. Nach der Schule bleiben alle Schüler in der Schule und lernen weiter.

    ....

2. Was ist die Zweisprachen-Politik in Finnland? Und welche Sprachen lernen die Schüler?

    ....

    ....

Hörverstehen 2: Fatma erzählt von ihrer Familie.

Hören Sie das Interview zweimal und antworten Sie auf die Fragen

Fragen zum Text

a. Wie lange lebt die Familie in Deutschland?

....

b. Wo arbeitet ihr Vater? Was ist er von Beruf?

....

c. Was möchte Fatma in Zukunft werden?

....

d. Was sind die Eigenschaften ihres Vaters?

....

e. Was sind die Eigenschaften ihrer Mutter?

....

f. Fatma macht sich Sorgen um ihren Bruder. Warum?

....

Kapitel 7
In der Stadt

Kapitel 7 In der Stadt

뮌헨은 독일에서 세 번째로 큰 도시이다. 보람이처럼 매일 어학원과 집을 오가다 보면, 이 큰 도시에 무슨 볼거리가 있는지, 어디에 맛 집이 있는지 알지 못하고 시간이 지나가기가 쉽다. 어떤 방법을 강구해서라도 시내는 물론 가까운 곳에 있는 중요 지역을 알아가는 것이 중요하다.

Dialog 1 Was gibt es in München zu sehen?

Die erste Unterrichtswoche ist vorbei. Die Kursteilnehmer freuen sich auf das Wochenende. Sie überlegen hin und her. Am Wochenende wollen sie mit ihren Freunden die Stadt kennen lernen. München ist eine Großstadt mit viel Kultur und Natur.

Antonio: Was gibt es in München zu sehen?

Ibrahim: Vieles. Was willst du zuerst sehen, Altes oder Neues?

Antonio: Keine Ahnung.

Ibrahim: Ich schlage vor, wir gehen einfach zum Marienplatz, zum Stadtzentrum.

Antonio: Einverstanden. Fahren wir mit der U-Bahn?

Ibrahim: Ja, mit der U4. Wir steigen dann um in die U3 oder U6.

Antonio: Wo steigen wir um?

Ibrahim: Am Odeonsplatz. Da steigen wir um in Richtung Marienplatz.

Worterklärung

Unterrichtswoche	\<die\> 수업 주/ die erste Unterrichtswoche 수업을 시작한 첫 번째 주
vorbei sein	지나가다
sich freuen auf etwas	refl. 앞으로 다가올 무엇을 기쁘게 기다리다
überlegen	v. 생각하다
hin und her	adv. 이리저리, 이것 저것
Natur	\<die\> 자연, 인간의 손길이 닿지 않은 상태의 자연
Kultur	\<die\> 인간이 자연에 손길을 뻗쳐 무엇을 개간하고 경작한 것, 문화. 예: 예술, 언어, 종교, 학문 등
nächste Woche	다음 주
Stadtmitte	\<die\> 시내 중심부, das Stadtzentrum
Was gibt es zu sehen?	볼거리가 뭐가 있지?
zuerst	adv. 제일 먼저 ↔ 그 다음에, dann
Altes oder Neues	오래된 것 혹은 새로운 것
Ahnung	\<die\> 1. 경험해서 혹은 이미 들어서 알고 있는 느낌 2. 어떤 분야에 전문적 지식을 가지고 있는 것
keine Ahnung von etwas haben	무엇에 대해서 아무 것도 아는 바가 없다
vorschlagen	v. 제안하다
einverstanden sein	v. (어떤 제안에) 동의하다, mit etwas einverstanden sein 무엇에 동의를 하다/ Ich bin mit deinem Vorschlag einverstanden. 나는 너의 제안에 동의한다.
umsteigen	v. 버스나 전철 등을 갈아타다
Zielstation	\<die\> 목표 정거장
in Richtung	어느 방향으로

München. Ansicht von oben

Foto : München. Ansicht von oben www.gerhard-blank.de

1. Mündliche Übung: Fragen und antworten Sie wie im Beispiel.

    A: Was gibt es in München zu sehen?

    B: Die alte und neue Pinakothek

> Alte und Neue Pinakothek, Pinakothek der Moderne, Schloss Nymphenburg,
> Olympiapark, BMW-Museum, Deutsches Museum, das alte und neue Rathaus,
> Frauenkirche, Michaeliskirche, Peterskirche, Asamkirche, die Wiese,
> Englischer Garten, Schwabing .....

2. Mündliche Übung: Fragen und antworten Sie wie im Beispiel.

   A: Welche Sehenswürdigkeiten gibt es in der Umgebung?
   B: Schloss Neuschwanstein in Füssen.

   Schloss Neuschwanstein in Füssen, Schloss Linderhof in Ettal,
   Neues Schloss Herrenchiemsee im Chiemsee, Kloster in Andechs, ...

3. Mündliche Übung   Fragen und antworten Sie wie im Beispiel.

   A: Welche Sehenswürdigkeiten gibt es in Berlin?
   B: Das Brandenburger Tor.

   Brandenburger Tor, Museumsinsel, Berliner Philharmoniker, Pergamonmuseum,
   Charlottenburg, Checkpoint Charlie, Kaiser-Wilhelm-Gedächtnis-Kirche,
   Kurfürstendamm, Reichstag, Zoo.........

4. Mündliche Übung   Fragen und antworten Sie wie im Beispiel.

   A: Welche Sehenswürdigkeiten gibt es in Hamburg?
   B: Sankt Michel.

Hamburg, Heidelberg, Nürnberg, Stuttgart, Wien, Salzburg, Dresden, Köln, Frankfurt am Main, Zürich...	St. Michel, Burgruine mit Renaissance-Fassaden, drei Schlösser, St. Lorenzkirche, Mercedes-Benz, Hofburg, Wiener Wald, Festung Hohensalzburg, Frauenkirche, Kölner Dom, Paulskirche, Grossmünster...

5. Mündliche Übung: Machen Sie einen Vorschlag wie im Beispiel.

Zum Olympiazentrum

A: Ich schlage vor, wir gehen zum Olympiazentrum.

B: Gute Idee. Wie kommen wir dahin?

a. Zum Englischen Garten

....

....

b. Zum Luitportpark

....

....

c. Zum Tiergarten

....

....

d. Zur Schwimmhalle

....

....

e. Zur Theatinerkirche

....

....

Dialog 2 Wir hätten gern einen Stadtplan

(Im Touristeninformationsbüro)

Antonio: Wir hätten gern einen Stadtplan.

B: Hier bitte.

Antonio: Danke. Wo kann ich Monatskarten kaufen?

B: In MVV Servicestellen.

Antonio: Wo liegt das?

B: Im Zwischengeschoß der S- und U-Bahn Station.

Antonio: Im Zwischengeschoss der S- und U-Bahn Station. Vielen Dank für die Auskunft.

B: Gern geschehen.

Worterklärung

Büro	<das> 사무실
Touristeninformation	<die> 관광안내
Stadtplan	<der> 시내지도, 관광안내용 지도
Monatskarte	<die> 한달용 정기승차권
Servicestelle	<die> 서비스 지점
Geschoss	<das> 건물의 층
Erdgeschoss	<das> 지상층
Untergeschoss	<das> 지하층
Obergeschoss	<das> 2층
Zwischengeschoss	<das> 중간 층 im Zwischengeschoss der S- und U-Bahn 지상을 중심으로 볼 때, S-Bahn과 U-Bahn은 지하의 각각 다른 층에서 운행한다. 예를 들어 S-Bahn이 지하 2층, U-Bahn이 지하 1층에서 운행한다면 중간층은 그 두 지하층의 중간층을 말할 것이다.
Auskunft	<die, Auskünfte> 1. 안내, 2. 정보, die Information, 안내소 Vielen Dank für die Auskunft. 안내해 주셔서 감사합니다.
gern geschehen	(편의제공에 대해서 감사할 때 대답으로) 뭘요, 당연하죠 = Nichts zu danken 고마울 것 없어요.

1. Mündliche Übung: Sprechen Sie wie im Beispiel.

   A: Bitte schön. Was hätten Sie gern?
   B: Einen Stadtplan. Ich hätte gern einen Stadtplan

   Einen Stadtplan, eine Ansichtskarte, einen Reiseführer in München, einen Schlossführer von Bayern, ……………

2. . Mündliche Übung: Sprechen Sie wie im Beispiel.

   A: Wo kann ich Monatskarten kaufen?
   B: In MVV Servicestellen.

   ein Airberlin-Flugticket, einen ICE-Fahrschein, eine Eintrittskarte fürs Museum, eine Theaterkarte, eine Eintrittskarte fürs Nationaltheater….

   im Airberlin-Büro, im Hauptbahnhof, an der Kasse im Museum, an der Abendkasse, an der Theaterkasse, im Internet, am Kiosk, ….

3. Mündliche Übung   Sprechen Sie wie im Beispiel.

   A: Vielen Dank für die Auskunft.
   B: Nichts zu danken. (Gern geschehen.)

   das Geschenk, die Einladung, die Information, den Besuch, das Geld, die Unterstützung, die Hilfe, das Begleiten….

MVV   Münchner Verkehrs- und Tarifverbund

독일의 각 지방자치단체는 자체적인 대중교통수단인 버스, 전차, 지하철, 교외선, 지방철도 등등의 교통망을 공동으로 기획, 건설, 운영하고 시민들의 교통편의를 제공한다. 한 도시에서 하루나 이틀 정도 묵지 않고 장기간 머물려고 한다면 이용방법을 미리 알아두는 것이 중요하다.

MVV Servicestelle에서 정기이용권 신청서를 적어내면 인적사항, (사진부착), 이용구간 등을 명시한 교통이용증을 발급해 준다. 그 다음에 이용자는 시내 가판대(키오스크 Kiosk) 혹은 차표 자동판매기 Fahrkartenautomat에서 매주 혹은 매달 정기권을 구입하고 그것을 교통이용증에 부착하여 사용한다. 학생, 대학생, 직업훈련생에게는 할인제도가 있으나 노인을 위한 할인제도는 없다.

참고로 독일의 교통요금은 매우 비싸다. 그리고 출입구에 번거로운 검표기기가 없다. 일회용차표는 지하철입구나 버스나 전차 안에 있는 개찰기 Entwerter에 표를 넣으면 자동으로 스탬프가 찍히게 된다. 부정기적인 차표검사에서 무임승차(Schwarzfahren)한 사실이 발각되면 그 대가는 매우 혹독하다. 한번 적발되면 한달 정기권에 해당하는 벌금을 물게 되고, 이런 불법이 누적되면 강제추방의 이유가 되기도 한다. 불법과 편법과 임기응변에 체질화된 사람은 우선 정직하고 우직하고 융통성 없이 살아가는 독일식 교통수단 이용하기부터 배워야 한다.

Dialog 3 Auf dem Marienplatz

Alex: Das ist das neue Rathaus. Hier arbeiten Beamtinnen und Beamte.

Boram: Schön. Herrlich. Wie alt ist es denn?

Alex: Das Rathaus an sich ist nicht sehr alt, über einhundert Jahre.
Das alte Rathaus da drüben ist älter als dieses.

Boram: Achso. Wie alt ist München eigentlich?

Alex: Eine gute Frage.
München ist etwa achthundert Jahre alt.

Boram: Das ist aber nicht sehr alt. Augsburg ist viel älter.

Alex: Richtig, Augsburg war eine Römerstadt.
Du weißt ja mehr als ich.
Komm, gleich beginnt das Glockenspiel.

Boram: Was ist denn das?

Alex: Schau mal die Glocken da oben.

Boram: Guck mal die Menschen hier.
Alle schauen in die gleiche Richtung!
Das ist ein Foto wert.

Worterklärung

Rathaus	\<das\> 시청건물, 혹은 지방자치단체의 행정부가 있는 건물. 여기에서 행정부 수장인 시장 der Bürgermeister, 혹은 대도시인 경우에는 der Oberbürgermeister가 공무원들과 함께 근무한다.
der Beamte/die Beamtin	공무원
das Rathaus an sich	시청건물 자체
da drüben	adv. 저 건너편, 저쪽
alt	adj. 1. 나이가 많은 ↔ jung, 2. (나이를 물을 때) Wie alt bist du? 너 몇 살이니? 3. 실제 나이와 비교해서 늙어 보이는/ Anna ist viel älter als du. 4. 새 물건이 아니고 이미 사용한 ↔ neu, 5. 오랜 세월이 지난/ alter Freund 오래된 친구
eigentlich	part. 상대방이 모르는 것을 이야기할 때/ Eigentlich heißt sie Auguste, aber jeder nennt sie Gusti. / Wie spät ist es eigentlich?
eigentlich	adj. 원래의, 실제로, 사실과 부합하는
Römerstadt	\<die\> 로마제국이 건설한 도시 * 오늘날 독일지역에는 Trier, Köln, Frankfurt am Main, Bonn, Regensburg, Augsburg 등이 로마도시이다.
gleich	part. 기다리지 않고 급하게 무슨 요청을 하려고 할 때, 지금 막
Glocke	\<die,-n\> (악기) 종, 교회의 종
Glockenspiel	\<das\> 종 연주, 주로 시청의 종탑에 작은 종들을 설치해서 특정한 시간에 연주하는 것
oben	adv. 위쪽에 ↔ unten
schauen	v. 쳐다보다
Foto	\<das,-s\> 사진, Fotographie
wert	adj. 무엇을 할 만한 가치가 있는/ Das ist ein Foto wert. 사진 찍을 만한 가치가 있다./ München ist eine Reise wert. 뮌헨은 여행할 만한 가치가 있다.

1. **Mündlichen Übung: Fragen und antworten Sie wie im Beispiel.**

    A: Was ist denn das?

    B: Das ist das Rathaus.

    Alte Pinakothek, Neue Pinakothek. Pinakothek der Moderne, Schloss Nymphenburg, Olympiapark, BMW-Museum, Deutsches Museum, das neue Rathaus, das alte Rathaus, Frauenkirche, Michaeliskirche, Asamkirche, die Wiese, Englischer Garten, ...

2. Mündlichen Übung: Fragen und antworten Sie wie im Beispiel.

   A: Wer ist denn das?

   B: Das ist Frau Angela Merkel, die Bundeskanzlerin.

   Angela Merkel/die Bundeskanzlerin, Maria Theresia/die Kaiserin, Marlene Dietrich/
   eine Schauspielerin, Arthur Schopenhauer/ein Philosoph, Albert Einstein/
   ein Atomphysiker, Anne-Sophie Mutter/eine Geigerin, Herbert von Karajan/
   ein Dirigent, Franz Beckenbauer/ ein Fußballkönig, Elisabeth/ meine Freundin..

묻는 대상이 사람이고 복수일 때는 어떻게 묻는가?

Wer sind das?

-Das sind Anna und Maria, meine alten Freunde.

3. Mündlichen Übung: Fragen und antworten Sie wie im Beispiel.

   A: Das ist das Rathaus.

   B: Ach so? Schön.

   A: Hier arbeiten Beamtinnen und Beamte.

   die Universität-Professoren und Studenten
   der Kindergarten-Kindergärtnerinnen und Kindergärtner
   das Kaufhaus- Verkäuferinnen und Verkäufer
   der Biergarten-Kellnerinnen und Kellner
   die Fabrik- Angestellte

wissen: gewisse Informationen haben, durch Lesen oder durch seine allgemeine Kenntnisse

Wer weiß, wann und wo der Komponist geboren ist?
Ich weiß die Antwort. 1770 in Bonn.

Wissen Sie, wo die Universitätsmensa ist?
Nein, ich weiß es auch nicht.

Konjugation	wissen	
ich weiß		wir wissen
du weißt		ihr wisst
er weiß		sie wissen

kennen: Informationen über eine Person haben, durch eigene Erfahrung oder durch jemandes Hinweise

Ich kenne Frau Schwarzkopf. Sie ist unsere Nachbarin.
Kennen Sie die Schauspielerin? Ja, ich kenne sie vom Fernsehen.

5. Mündlichen Übung: Sprechen Sie wie im Beispiel.

   A: Wann kommt er in München an?

   B: Ich weiß es nicht. Das weiß ich nicht.

   a. Besucht er das Oktoberfest?

   b. Kommt er allein?

   c. Trinkt er gern Bier?

   d. Wie viele Tage bleibt er in München?

   e. Wann verlässt er München?

Grammatik Modalpartikel 상황을 나타내는 불변화사

1. aber, ja, denn 놀라움을 나타낼 때.

Du bist aber groß geworden. 너 정말 많이 컸구나. (믿기지 않아.)

Das Wasser ist ja kalt. 물 진짜 차거워. (상상 이상이야.)

Hast du denn kein Geld? 돈이 한 푼도 없다구? (말도 않되.)

2. denn, eigentlich, überhaupt

Kannst du denn Auto fahren? (꾀끄만게 벌써) 운전을 할 수 있다고?

Trinkt er eigentlich Bier? 그런데 (금욕주의자로 알려진) 그가 맥주를 마신다구?

Hast du überhaupt das Abitur? (너처럼 아둔한 친구가) 아비투어가 있다고? 말도 않되.

Wie spät ist es denn? 몇 시지?

Wie spät ist es denn eigentlich? 몇 시지? 몇 시나 되었지?

Wo warst du gestern überhaupt? 너 어제 도대체 어디 있었어? (내가 얼마나 찾았는데)

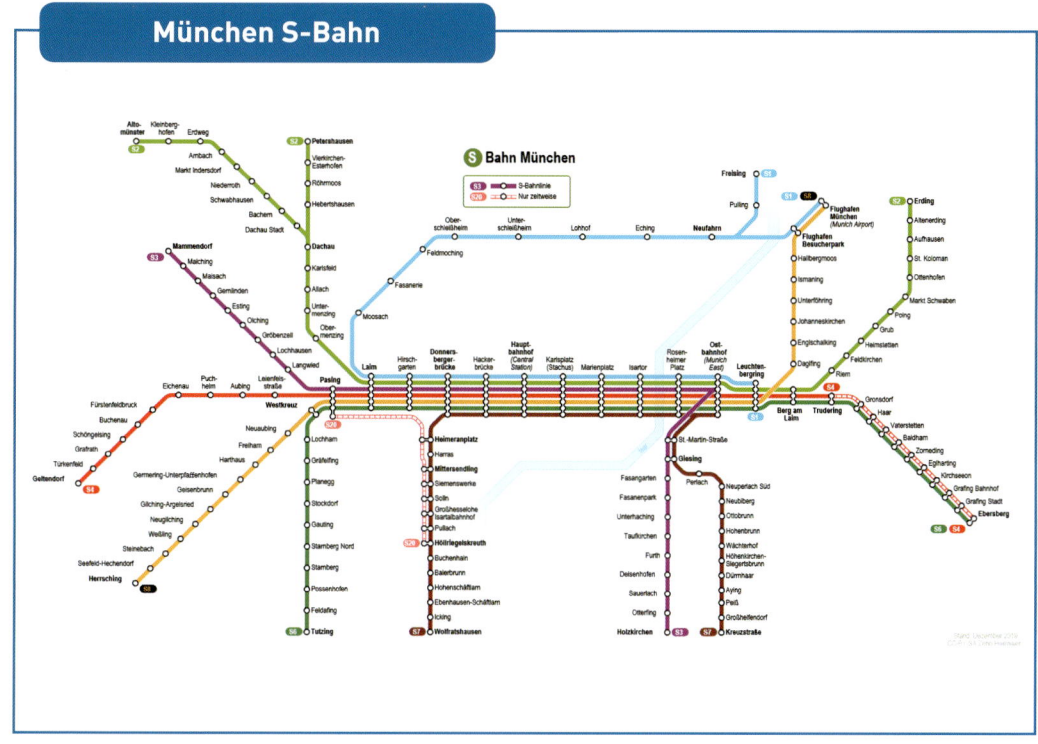

1. Schriftliche Übung: Führen Sie die S-Bahn-Linien mit ihren Endstationsnamen.

    a. Flughafen München und Herrsching sind die Endstationen der S1.

    b. ....

    c. ....

    d. ....

    f. ....

    g. ....

    h. ....

2. Suchen Sie im Internet das U-Bahn-Netz München und erklären Sie es.

   a. Die U1 fährt vom Rotkreuzplatz über den Hauptbahnhof bis zum Innsbruckerring.

   b. ....

   c. ....

   d. ....

   e. ....

   f. ....

   g. ....

3. **Mündliche Übung**   Fragen und antworten Sie wie im Beispiel.

   A: Wie komme ich nach Pasing?

   B: Mit der S1.

   a. ....

   b. ....

   c. ....

   d. ....

   f. ....

걸어서 길 찾기

geradeaus 직진 links 왼쪽 rechts 오른쪽	halb links 약간 왼쪽 halb rechts 약간 오른쪽	die erste Straße 첫 번째 네거리 die zweite Straße 두 번째 네거리 die dritte Straße 세 번째 네거리

die Post?
die erste rechts

der Englische Garten?
da vorn die Ohmstraße, geradeaus, nach 100 m, links und rechts

das Nationaltheater?
da drüben, die erste Straße rechts

die Asamkirche?
da hinten, die dritte Straße vorbei, auf der rechten Seite

4. Sagen Sie, wie man hinkomnt.

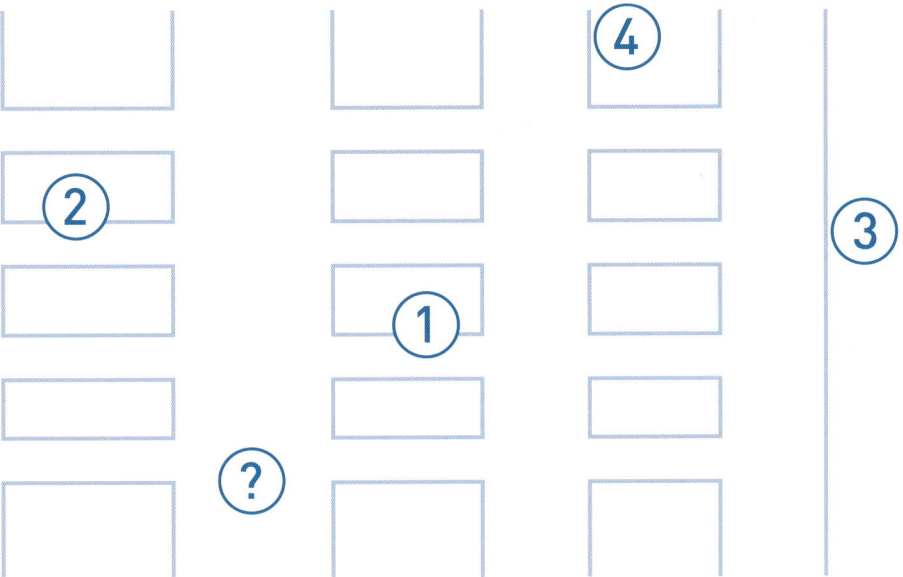

LESETEXT 1 Alte Pinakothek

Die Alte Pinakothek ist ein 1836 eröffnetes Kunstmuseum in München-Maxvorstadt. Sie stellt unter anderem Gemälde von Malern des Mittelalters bis zur Mitte des 18. Jahrhunderts aus und ist eine der bedeutendsten Gemäldegalerien der Welt. Die Bestände sind Teil der Bayerischen Staatsgemäldesammlungen.

Gegenüber der Alten Pinakothek befindet sich die Neue Pinakothek mit Werken des 19. und beginnenden 20. Jahrhunderts. Neben der Pinakothek der Moderne und dem Museum Brandhorst mit Werken des 20. und 21. Jahrhunderts sowie dem Türkentor und weiteren Einrichtungen bilden sie zusammen das Kunstareal.

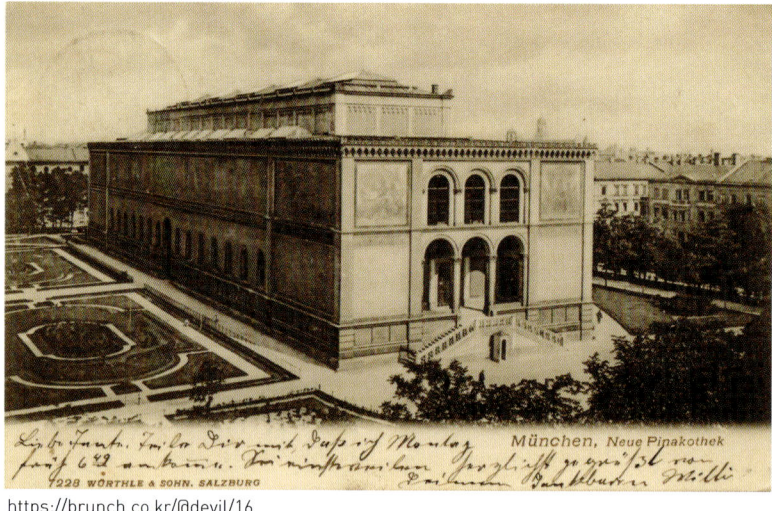

https://brunch.co.kr/@devil/16

die Pinakothek ←pinacoteca(Latein), pinakotheke(Griechisch)

-pinax = Tafel, Bilder + theke=Behälter, 성화를 보관하는 장소,
Aufbewahrungsort von Weihgeschenktafeln (votivgabe = 곤경에 처했을 때 성자에게 간구하는 것, 감사하는 것),

오늘날은 Bilder- und Gemäldesammlung. Alte Pinakothek이 소장하고 있는 그림에 성화가 많았기 때문에 이런 명칭이 사용되었을 것이라고 추측할 수 있다.

Worterklärung

eröffnen	v. 건물이나 시설을 완성하고 일반에게 공개를 하다, 개업하다
Gemälde	\<das\> 예술가가 붓으로 그린 그림, Bild
Gemäldeausstellung	\<die\> 그림 전시회
Gemäldegalerie	\<die\> 그림 전시장
Gemäldesammlung	\<die\> 그림 수집(장소)
Bild	\<das,-en\> 1. 예술가가 색채를 가지고 그린 그림 2. 사진, Fotografie 3. 그림이나 사진의 복제본 4. TV나 영화의 장면
Mittelalter	\<das\> 중세, 서양역사에서 고대가 끝난 4-5세기부터 르네상스가 일어난 15세기까지의 시대
Antike	\<die\> 고대, 그리스 로마의 문화가 지배하던 시대
bedeutend ← bedeuten	Adj. 다른 것보다 훨씬 뛰어난, hervorragend, 영향력이 큰, 중요한 wichtig
Bestand	\<der\> 수장품, Vorrat
Bestandsliste	\<die\> 수장품 목록
sich befinden	v. 무엇이 있다, 형편이 어떠하다, 몸 상태가 어떠하다, 느낌이 어떠하다
Werk	\<das,-e\> 문학작품, 예술작품, Kunstwerk
Türkentor	\<das\> 터키성문, 1826년 바이에른 보병부대 막사 입구에 세운 성문, 터키군대에 대항하기 위해서 만든 군사시설 (오늘날 Türkenstraße 초입에 있다.)
Einrichtung	\<die, -en\> 기구, 시설, Institution
Areal	\<das\> 넓은 면적, 지역 혹은 땅
Kunstareal	\<das\> 예술품을 집중적으로 보관 전시하는 공간
Sportareal	\<das\> 스포츠 시설

1. Fragen zum Text.

a. Die Alte Pinakothek ist ein ....

Die Alte Pinakothek liegt in ....

Die Alte Pinakothek ist .... eröffnet.

b. Hier werden .... ausgestellt.

Die Alte Pinakothek ist eine der bedeutendsten Gemäldegalerien der Welt.

Welche andere bedeutende Gemäldegalerie kennst du noch?

.... in ....

.... in ....

.... in ....

c. Was befindet sich der Alten Pinakothek gegenüber?

....

Was gibt es da zu besichtigen?

....

d. Was kann man in der Pinakothek der Moderne und im Museum Brandhorst sehen?

....

e. Welche Einrichtungen bilden das Kunstareal in München?

.... , ... , ... ,

.... , ... , ...

ANFAHRT

Alte Pinakothek
Barer Straße 27
Eingang Theresienstraße
80333 München

Die Alte Pinakothek erreichen Sie mit:

Tram
Linie 27 | 28: Haltestelle Pinakotheken
U-Bahn
U2: Haltestelle Königsplatz oder Theresienstraße
U3 | U6: Haltestelle Odeonsplatz oder Universität
U4 | U5: Haltestelle Odeonsplatz
Bus
Linie 100 (Museumslinie) | Linie 58 (CityRing) : Haltestelle Pinakotheken

Wir empfehlen die Anreise mit öffentlichen Verkehrsmitteln, da in unmittelbarer Nähe der Museen keine Parkplätze zur Verfügung stehen.

Aufgabe: Studieren Sie den Stadtplan und entscheiden Sie, wie Sie die Alte Pinakotek erreichen wollen. Rechnen Sie dabei, wie viel Sie laufen müssen.

a. Sie gehen allein.

b. Sie gehen mit anderen Kursteilnehmern.

c. Sie begleiten eine wichtige Persönlichkeit aus Ihrer Heimat.

LESETEXT 2 Öffnungszeiten und andere

Alte Pinakothek

Öffnungszeiten täglich   10:00–18:00
Montags geschlossen
Dienstags und Mittwochs 10:00–20:30

regulär	7 Euro
ermäßigt	5 Euro
Sonntagseintritt	1 Euro

Eintrittspreise ständige Sammlung (über 700 Meisterwerke) regulär 7 Euro, reduziert 5 Euro, Kinder und Jugendliche unter 18 Jahren frei
Tagesticket (für Pinakotheken, Museen) 12 Euro

*5er-Ticket 29 Euro

Worterklärung

regulär	adj. 정상적인, 정규적인
ermäßigt	adj. 할인한
ständige Sammlung	상설전시
reduziert	adj. 할인한
Kinder	아이, 보통 사춘기 이전까지 나이
Jugendliche	아이(Kind)와 어른 (Erwachsene) 사이의 나이에 있는 사람
Erwachsene	어른, 보통 18세 (법적으로 성인으로 인정하는 나이) 이상의 사람

1. Fragen zum Text.

   a. Von wann bis wann ist die Alte Pinakothek geöffnet?

   ....

   b. An welchem Wochentag ist sie geschlossen?

   ....

   c. An welchem Wochentag kann man sie auch am Abend besuchen?

   ....

   d. Ist die Alte Pinakothek am Sonntag geöffnet?

   ....

   e. Wie viele Meisterwerke sind in der Ausstellung zu sehen?

   ....

   f. Was kostet die Eintrittskarte für die ständige Sammlung in der Alten Pinakothek?

   ....

   g. Was kostet die Eintrittskarte am Sonntag?

   ....

   h. Wer bekommt eine kostenlose Eintrittskarte?

   ....

   i. Was ist ein Tagesticket?

   ....

   j. Was bedeutet 5er-Ticket?

   ....

2. Wer bekommt die reduzierte Eintrittskarte?

> Studenten, Azubi (=Auszubildende), Soldaten, alte Leute über 60, Kranke, Ausländer, Behinderte
>
> Besucher in Gruppe

   a. .... kaufen die Eintrittskarte 50% billiger.

   b. Azubi bekommen auch die Eintrittskarten billiger.

   c. Soldaten bekommen die .... Eintrittskarten.

   d. .... über 60 bekommen auch Ermäßigung.

   e. .... und .... können die Pinakotheken und Museen besuchen mit verbilligten Eintrittskarten.

   f. Wenn man mit einer Gruppe die Pinakothek besucht, kann man .... die Eintrittskarten kaufen.

3. An welchem Tag kann ein Erwachsener die Pinakotheken billiger besuchen? Und warum?

   ....

   ....

4. Kinder und Jugendliche unter 18 Jahren bezahlen kein Geld für den Eintritt. Warum wohl?

   ....

   ....

5. Was kostet eine Eintrittskarte für ein Museum oder eine Ausstellung in Korea? Wer bekommt eine reduzierte Eintrittskarte?

   ....

   ....

Test zur Selbstkontrolle

(Diktat-und Hörtexte S.283)

 ## Diktat : Eine Stadterkundung

Neue Wörter :

die Stadterkundung, der Arbeitsplatz, näher, unternehmen, organisieren
– organisiert, öffentlich, die Führung, die Stadtführung,
die Gruppenführerin, die Bibliothek, die Bibliothekarin, Münchner Freiheit, das BMW-Museum, das Olympiadorf, die Fußgängerzone,

die Pinakothek, das Gefühl

....

....

Spracharbeit

1. Ergänzen Sie die Sätze.

   a. Entschuldigen Sie bitte. .... komme ich zur Alten Pinakothek?

   b. Das ist nicht .... von hier. Nur fünf Minuten .... Fuß.

   c. .... ist das Deutsche Museum?

   d. Es liegt .... der Museumsinsel.

   e. Wie .... ich dorthin?

   f. Vom Hauptbahnhof fährt eine Tram, die N17 zum deutschen Museum.
      Die Fahrt .... 19 Minuten.

   g. Am Samstag wollen wir .... Füssen. Da ist Schloss Neuschwanstein.

   h. Ja, richtig. Du kannst mit dem Regional-Express .... fahren. Die Bahn fährt im
      Zwei-Stunden-Takt, das heißt alle .... Stunden.

   i. Dann muss ich zuerst zum Hauptbahnhof gehen. .... lange dauert die Fahrt nach Füssen?

   j. Keine .... du auch Schloss Hohenschwangau besichtigen willst,
      brauchst du fast den ganzen Tag.

2. "Da" hat zwei Bedeutungen. Welches „da" hat welche Bedeutung?

„Da" als lokal. Wo? – Da. (Ort)
„Da" als temporal. Wann? – Da. (Zeitpunkt)

a. Der Gasthof Füssen ist sehr gut. Da kann man fantastisch bayerisch essen.

b. Um 8 Uhr gehe ich mit Maria tanzen. Da habe ich leider keine Zeit.

c. Das Schwimmbad ist sehr schön. Da kann man gut schwimmen.

d. Der Supermarkt Rewe ist billig. Da kann man gut einkaufen.

f. Was machst du morgen Abend? Da gehe ich ins Konzert.

Hörverstehen 1   Navigationshinweis

Hören Sie den Navigationshinweis genau zu und zeichnen Sie die Wege, wie man nach den Hinweisen der Navigation gefahren ist.

Hörverstehen 2   Das Lenbachhaus

Sie wollen das Lenbachhaus besuchen, um einige berühmte Bilder zu sehen. Im Internet finden Sie folgende Informationen.

Lesen Sie sie und hören Sie das Gespräch zwei Mal und antworten Sie auf die Fragen.

Lenbachhaus

Adresse: Städtische Galerie im Lenbachhaus
Luisenstraße 33
80333 München

Anfahrt
Öffentliche Verkehrsverbindungen
U-Bahn-Linien U2/U8 (Haltestelle Königsplatz), U-Bahn-Linie U1/U7 (Haltestelle Stiglmaier-platz)
Straßenbahn 27 (Haltestelle Karolinenplatz)
Bus 100 (Museumslinie, Haltestelle Königsplatz)
Alle S-Bahnen (Haltestelle Hauptbahnhof)

MVV: So kommen Sie zu uns!

Anreise mit der Bahn
Das Lenbachhaus befindet sich nur 5 min. Fußweg vom Hauptbahnhof entfernt.
Parkmöglichkeiten
Für Menschen mit Behinderungen stehen in der Luisenstraße zwei Behindertenparkplätze zur Verfügung. Sonstige Parkmöglichkeiten sind leider nicht vorhanden.

a. Wer war Franz von Lenbach?

．．

b. Wer gehörte zum blauen Reiter?

．．

c. Was kann man im Lenbachhaus besichtigen?

．．

d. Wie kommen die beiden zum Lenbachhaus?

．．

2. **Bilder aus dem Lenbachhaus**

   Bitte ordnen Sie zu.

Franz von Lenbach	Ludwig I., König von Bayern
	Familienporträt mit Frau und Töchtern
August Macke	Blumen im Garten–Clivia und Perlagonien
Lovis Corinth	Innocentia
Hans Olde	Großherzogin Caroline von Sachsen –Weimar
Wassily Kandinsky	Impression III (Konzert)

[Innocentia]

DER BLAUE PLANET Band 1 245

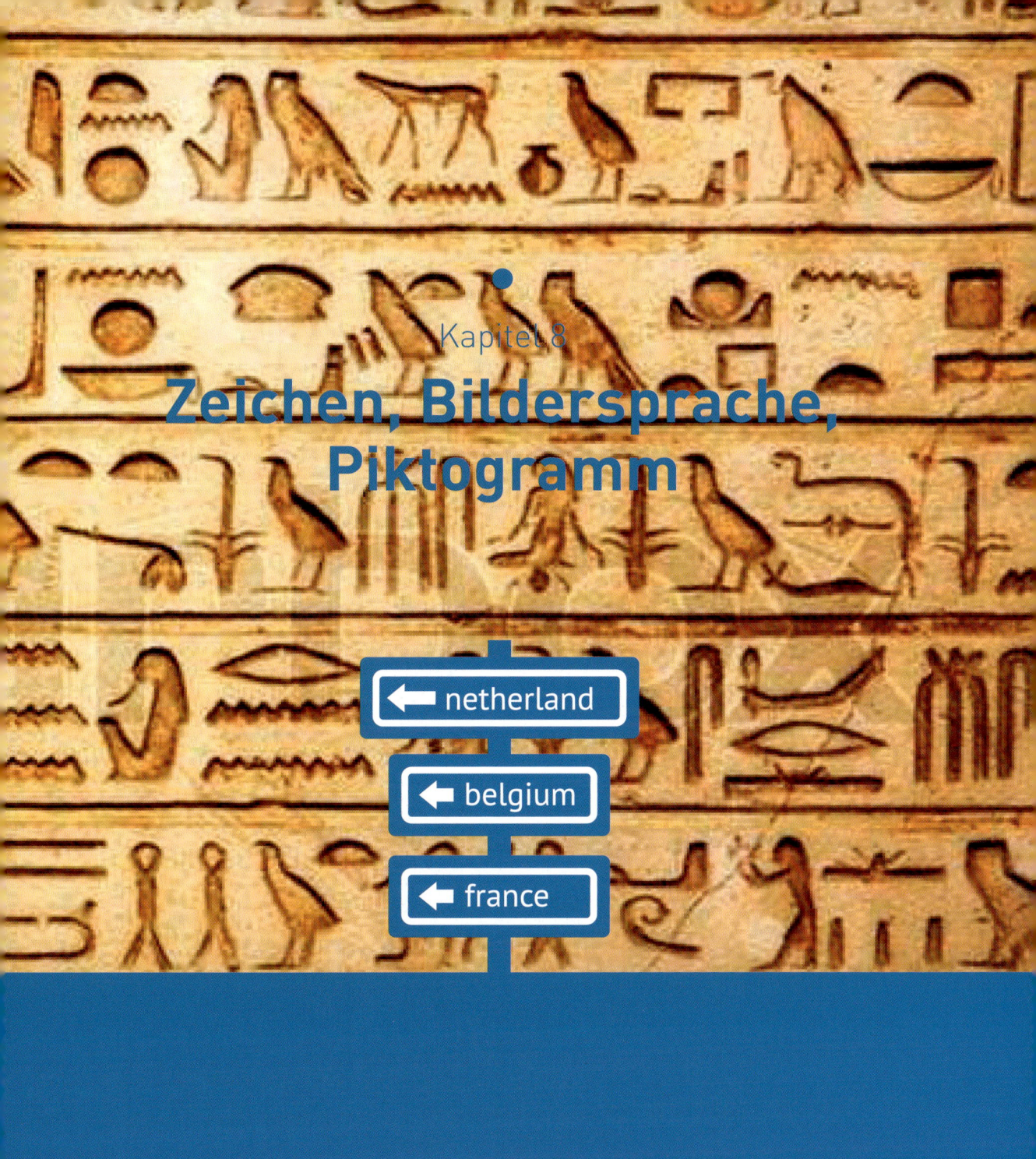

Kapitel 8
Zeichen, Bildersprache, Piktogramm

Kapitel 8 Zeichen, Bildersprache, Piktogramm

거리에 나서면 눈에 주로 띄는 것은 집과 건물, 도로, 그 위에 교통수단(자동차, 버스, 전차, 자전거) 그리고 사람들이다. 다 움직임이 바쁘지만 서로 충돌을 일으키지 않고 요리조리 잘 피해 다닌다. 아하, 자세히 보니 이들을 통제하는 무슨 규칙이 있는 것 같다; 교통신호, 도로 위의 표식이나 선. 그것들은 문자로 된 것도 있지만 부호로 된 것도 많다는 것을 알게 되었다.

Wortschatz

Zeichen <das> Etwas, das man irgendwohin schreibt oder in einem Bild darstellt, um so auf etwas aufmerksam zu machen oder einen Hinweis zu geben.

Bild <das, -er> 1. Das, was man mit Farben und auf künsterlerischer Weise auf einer Fläche oder auf dem Papier malt oder zeichnet. 2. Fotografie 3. Die Reproduktion einer Zeichnung, eines Gemäldes oder einer Fotografie 4. Das, was man zum Beispiel beim Fernsehen im Bildschirm oder im Kino auf der Leinwand sieht. 5. Eine Szene, die einem in einer bestimmten Situation begegnet. Ein Bild des Schreckens. 6. Eine Vorstellung, die man sich von etwas macht. Ich hatte ein falsches Bild von ihm. 7. Metapher

Piktogramm <das> pictum(Latein)-pingere= Partizip Perfekt von malen + gramm(Griechisch)- Geschriebenes, Aufgezeichnetes, Schrift(zeichen)

LESETEXT 1 Zeichen sind praktisch

Wenn wir uns mit anderen verständigen wollen, sprechen wir mit ihnen. Wollen wir etwas ganz schnell und ohne Worte sagen, benutzen wir Zeichen. Wir sehen sie überall. Sie sprechen zu uns, damit wir uns ohne Sprache zurechtfinden: auf der Straße, auf Flughäfen und Bahnhöfen, in öffentlichen Gebäuden und bei Veranstaltungen.

Zeichen auf Telefonen, DVD-Rekordern, Waschmaschinen und vielen anderen Geräten zeigen, wie man sie bedient. Sogar in unserer Kleidung und auf fast allen Sachen, die wir kaufen, sind Zeichen.

Wissenschaftler verwenden verschiedene Zeichen, um sich kurz auszudrücken. Auch auf Wetterkarten im Fernsehen oder auf Landkarten werden Zeichen benutzt. Zeichen sind praktisch. Jeder, der ihre Bedeutung kennt, versteht sie ohne Worte.

Worterklärung

praktisch	adj. 현장에 적합한, 실용적인 ↔ theoretisch
sich verständigen	refl. 서로간에 이해가 되도록 설명하거나 설득을 시키다, 소통하다
benutzen	v. 사용하다
überall	adv. 어디에서나
sich zurechtfinden	refl. 어떤 상황에 익숙하게 처신하다
öffentlich	adj. 공공
in öffentlichen Gebäuden	공공건물에
Veranstaltung	<die, -en> 행사
Telefon	<das> 전화, 전화기
DVD-Rekorder	<der> DVD-녹화기기
Gerät	<das,-e> 기구
Waschmaschine	<die,-n> 세탁기
bedienen	v. 사용하다, 조작하다
sogar	part. 심지어 ...까지
Kleidung	<die,-en> 옷
Sache	<die,-n> 물건
kaufen	v. 돈을 주고 무엇을 구입하다
fast	part. 거의
Wissenschaftler	<der> 학자
verwenden	v. 사용하다, 이용하다
verschieden	adj. 여러가지의, 서로 다른
ausdrücken	v. 표현하다
kurz	adj. 짧은
Wetterkarte	<die,-n> 일기예보를 위한 지도, 기상지도
Fernsehen	<das> 텔레비전
Bedeutung	<die,-en> 의미
ohne Worte	말하지 않고도

1. **Fragen zum Text: Antworten Sie mündlich, und zeichnen Sie die passenden Beispiele**

   a. Wie verständigen wir uns mit unseren Freunden?

   ....

   b. Was benutzen wir, wenn wir ganz schnell und ohne Worte sagen wollen?

   ....

   c. Wo finden wir Zeichen? Nennen Sie konkrete Beispiele und erklären Sie, was sie bedeuten.

   ....

   ....

   ....

   ....

   d. Welche Zeichen finden wir zum Beispiel in Kleidungen?

   ....

   ....

   e. Welche Zeichen von Wissenschaftern kennen Sie schon? Erklären Sie sie auf Koreanisch.

   ....

   ....

das Gerät, die Maschine, der Apparat

das Gerät:
1. 작업을 원활하게 하기 위해서 만든 도구나 기구
2. 전기를 이용한 기술적 도구나 기구, Apparat
   Kochgerät 요리기구, Küchengerät 부엌기구, Elektrogerät 전기기구

die Maschine:
1. 에너지를 변환시켜서 작업을 손쉽게 하도록 만든 기계적 장치, 기계
   Bohrmaschine 드릴, Kaffeemaschine 커피 가는 기계, Spülmaschine 설거지 기계,
   Schreibmaschine 타자기, Waschmaschine 세탁기
2. Flugzeug 비행기
3. Motorrad 오토바이

der Apparat:
1. 여러 개의 부품으로 조립한 기술적 도구   Fernsehapparat TV, Telefonapparat 전화기, Fotoapparat 사진기
2. 같은 기능을 하는 인체조직   Verdauungsapparat 소화기관, Atmungsapparat 호흡기관
3. 같은 목적으로 뭉친 조직   Regierungsapparat 정부조직, Verwaltungsapparat 행정조직

wissen oder kennen

wissen:
1. Gewisse Informationen haben durch seine allgemeinen Kenntnisse, durch Lesen.
2. Viel/wenig/nichts/etwas wissen über eine Person oder über etwas.
   Niemand weiß etwas von unserem Plan.
3. Ich weiß, dass ....
4. Ich weiß schon. (Mir ist schon bekannt. Ich bin ungeduldig.)
5. Weißt du/Wissen Sie.= Ich habe eine Idee. Ich habe einen neuen Gedanken.

kennen:
1. Jemanden kennen durch eigene Erfahrung.
   Ich kenne ihn. Er würde nie etwas Böses tun.
2. jemanden schon gesehen.
   Ich glaube, wir kennen uns vom Studium her.
3. jemandes Name, Alter, Adresse, Telefonnummer kennen.
4. einen bestimmten Eindruck haben, oder bestimmte Eigenschaften haben.
   Ich kenne Deutschland nur von seiner besten Seite.

2. Schriftliche Übung: wissen oder kennen?

a. _____ du die Studentin da?

b. _____ du, woher sie kommt?

c. Ich _____ sie nicht. Aber ich _____, dass sie aus Afrika kommt.

d. Jetzt _____ ich, wie sie heißt.

e. Mein Nachbar Muhammad _____ viel von ihr. Sie heißt Emmanuelle und hat sieben Kinder zu Hause. Ihr Mann soll eine wichtige Persönlichkeit sein.

f. Komm. Ich möchte sie gern _____ lernen.

3. Schriftliche Übung: Fragen Sie wie im Beispiel.

Die Tankstelle

Wo ist hier eine Tankstelle?

Wie komme ich zur Tankstelle?

das Krankenhaus, der Hauptbahnhof, der Waschraum, das Schließfach, die Information, der Lift, das Postamt, die Bank, die Rolltreppe, das Schwimmbad, das Parkhaus, die Bushaltestelle, die Reparaturwerkstatt

Dialog 1 Toilettensuche in der Stadt

Tourist: Entschuldigen Sie. Ich suche eine Toilette.

A: Ich bin auch fremd hier. Tut mir leid.

Tourist: Entschuldigen Sie. Wo ist hier eine Toilette?

B: Eine Toilette? Das ist schwierig. Gehen Sie zum Rathaus. Im Keller ist eine öffentliche Toilette.

Tourist: Danke schön.

B: Bitte sehr.

Worterklärung

fremd	adj. 낯선, 익숙하지 않은
Tur mir leid.	(상대방의 요구를 들어주지 못해서) 미안합니다.
Entschuldigen Sie.	실례합니다.
Entschuldigen Sie mich.	(자리를 먼저 떠나면서) 미안합니다.
Entschuldigung	<die> 용서.

Dialog 2 Schließfächer im Kölner Hauptbahnhof

Fahrgast: Entschuldigung.
Ich möchte mein Gepäck aufbewahren.
Wo kann ich mein Gepäck aufbewahren?

Bahnangestellter: Da hinten sind Schließfächer,
Gepäckaufbewahrungsanlagen.

Fahrgast: Gepäck-auf-bewahrungs-anlagen?
Wie funktioniert das?

Bahnangestellter: Ganz einfach.
Gehen Sie zum Schließfach-Automaten.
Schließen Sie am Automaten einen Mietvertrag.
Dann bekommen Sie eine Magnetstreifenkarte.
Tun Sie Ihr Gepäck in den Behälter. Der Behälter
fährt automatisch das Gepäck zum Lager.

Fahrgast: Wie bekomme ich mein Gepäck zurück?

Bahnangestellter: Sie kommen wieder zum Schließfach-Automaten.
Lassen Sie Ihre Karte einlesen. Warten Sie ein paar
Sekunden. Dann kommt der Behälter mit Ihrem
Gepäck hierher.

Fahrgast: Vielen Dank für die Auskunft.

Worterklärung

Bahnangestellte	<der, -n> 철도회사 사원
Gepäck	<das> 여행용 가방/Vgl. Koffer 큰 가방, Reisetasche 작은 휴대용 가방
aufbewahren	v. 짐 등을 보관하다
Gepäckaufbewahrungsanlage	<die,-n> 가방이나 짐 보관시설
Schließfach	<das, Schließfächer> 백화점, 공공 위생시설, 은행 등에 있는 보관서비스.
funktionieren	v. (기계나 기기 등이) 어떻게 작동하다
Mietvertrag	<der, Mietverträge> 임대계약
einen Mietvertrag schließen	임대계약을 맺다
Magnetstreifenkarte	<die> 자석식 식별카드, 은행의 신용카드나 회사원의 신분카드 등
Behälter	<der> 무엇을 담는 용기
Lager	<das> 창고, 보관소
zurückbekommen	v. 되돌려 받다
Karte einlesen	카드를 읽히다
Karte einlesen lassen	카드를 읽히게 하다, 예를 들어 은행 자동창구에서 신용카드를 읽히거나, 회사원이 입구에서 회사원증을 읽히는 것

Landeskunde

DB

원래는 국가기관인 Deutsche Bundesbahn의 약자이었으나, 1994년 Deutsche Bahn A.G.로 구조조정하여 민영화하였다. 그래서 회사원의 신분도 Bahnbeamter에서 Bahnangestellter로 바뀌었다.

Grammatik 복합단어 Komposita

Flughafen →	der Flug + der Hafen
Ausgang →	aus + der Gang
Gepäckausgabe →	das Gepäck + die Ausgabe (-ausgeben)
Flugticket →	der Flug + das Ticket
Boardingpass →	das Boarding + der Pass
Sicherheitskontrolle →	die Sicherheit + die Kontrolle
Passkontrolle →	der Pass + die Kontrolle

다음 단어들은 여러 개의 단어를 합쳐서 만든 단어들이다.

Bahnangestellter : die Bahn + der Angestellte 철도 회사원
Schließfach : schließen + das Fach 물건보관함
Hauptbahnhof : das Haupt + die Bahn + der Hof 중앙역
Gepäckaufbewahrungsanlage : das Gepäck + aufbewahren + die Anlage 짐 보관 시설

1. Mündliche Übung: Erklären Sie, was das bedeutet.

a. **Postamt** <das>   die Post +   das Amt

  Postamt ist ein Amt. Das Amt hat die Aufgabe, ...

b. Bushaltestelle <die>   der Bus+ halten + die Stelle

  ....

c. Nichtraucher <der> nicht + der Raucher

  ....

d. Krankenhaus <das> Kranke + das Haus

  ....

e. Parkhaus <das>   parken + das Haus

  ....

f. Tankstelle <die> tanken + die Stelle

  ....

Verkehrsschilder

Parkplatz <der> 주차장   Parkhaus <das> 주차전용 건물
Einfahrt <die> 진입   Einfahrt frei 자동차가 출입할 수 있게 입구를 비워 두세요
Anwohner <der> 거주자, 입주자   Bewohner <der> 거주자, 입주자
Anwohner /Bewohner frei 입주자/거주자가 출입할 수 있게 출입구를 비워 두세요
Vorfahrt <die> (네거리에서) 우선 주행   Umleitung <die> (공사로 인한) 우회
Fußgängerüberweg <der> 도보자 건널목, Zebrastreifen
Schleudergefahr <die> 미끄러짐 위험   Parkverbot <das> 주차금지
Zebrastreifen <der> 얼룩말 무늬, 도보자 건널목의 바닥 표시
Überholverbot <das> 추월금지

2. Welche Verkehrsschilder kennen Sie noch?

....

....

....

....

Autostraße <die> 자동차 전용도로   Fahrradstraße <die> 자전거 전용도로

Fußweg <der> 도보자 전용길

Fußgängerzone <die> (일반적으로 시내 중심부) 보행자 전용도로 (물론 이른 아침과 늦은 밤에 물건을 운반하기 위해서는 예외적으로 자동차 출입이 허용된다.)

Einbahnstraße <die> 일방통행도로

Einkaufszentrum <das> 쇼핑센터   Autobahn <die> 자동차 전용도로, 고속도로

Geschwindigkeitsbegrenzung <die> 속도제한

Baustelle <die> 공사장

Landeskunde

Fußgängerzone

도시의 중심지에 있는 보행자 전용도로. 유럽은 세계 제2차 전쟁의 결과로 많은 도시가 파괴되었다. 사람들은 도시를 재정비하기 위해서 설계를 하다가 보행자 친화적인 구상을 했고 시민들의 합의를 거쳐 보행자 전용도로를 만들게 되었다.

유럽 최초의 보행자 전용도로는 1953년 네델란드 Rotterdam에 조성한 Lijnbaan이다. 독일에서는 1953년 11월 Kassel의 Treppenstraße에 이어 Kiel, Stuttgart, Köln이 뒤를 따라 자동차 없는 길을 만들었다.

오늘날 대도시의 시내에서는 예외없이 자동차 출입이 금지된 보행자 전용도로가 있다.

Autobahn

Autobahn hat eine sehr breite Straße, die aus zwei getrennten Fahrbahnen besteht, keine Kreuzung hat, und die nur von Fahrzeugen (Autos, Motorräder) benutzt werden darf, die mindestens 60km pro Stunde fahren können.

Worterklärung

Autobahn	<die, -en> 고속도로
getrennt	adj. 분리된 , trennen 나누다의 과거분사형
Fahrbahn	<die> 독립된 주행도로
Kreuzung	<die> 교차로
mindestens	adv. 적어도

1. Schriftliche Übung: Füllen Sie die Lücken aus.

Die Autobahn hat ....

Die Autobahn besteht aus zwei ...., die getrennt sind.

Die Autobahn hat .... Auf der Autobahn gibt es keine Ampeln, stattdessen gibt es ein Autobahnkreuz. Die Autobahn darf nur von .... benutzt werden. Das heißt, da kann man Autos und Motorräder fahren. Keine Fahrräder dürfen auf der Autobahn fahren.

Die Fahrzeuge auf der Autobahn können mindestens 60km pro Stunde fahren. Man kann aber so schnell fahren, wie man will und kann. Es gibt keine ....

LESETEXT 1 **Geschichte der Autobahn**

1921 AVUS in Berlin, heute eine Teststrecke

1926 Name Autobahn entstanden (im Vergleich mit Eisenbahn)

1932 Autobahn Köln-Bonn, die erste Autobahn von Adenauer dem Oberbürgermeister Köln

1933 große Autobahnstrecke zwischen Hansestadt-Frankfurt-Basel

AVUS ist eine Schnellstraße nur für Autos. Die Autostraße ist 1921 in Berlin gebaut und diente als Renn- und Teststrecke. Die Strecke beträgt 8,3 km und war kostenpflichtig. Die erste Autostraße machten die Italiener. Sie bauten 1924 eine Autostraße zwischen Mailand und Varese. Der Name Autobahn ist 1926 entstanden.

1932 war Adenauer der Oberbürgermeister in Köln. Er ließ eine Autobahn zwischen Köln und Bonn bauen. Das war die erste Autobahn in Deutschland.

1933 wurde ein Projekt geplant, Hansestädte(Hamburg, Bremen) mit Basel in der Schweiz durch eine lange Autobahnstrecke zu verbinden. Das sind heute die Bundesautobahn Nummer eins, drei und fünf.

Worterklärung

Teststrecke	<die> 시험구간
Rennstrecke	<die> 경주용구간
im Vergleich mit Eisenbahn	철도와 비교를 해서
Schnellstraße	<die> 전용도로
betragen	v. 길이, 무게, 넓이 등의 어떤 숫자가 어떻게 되다
kostenpflichtig	adj. 사용요금을 내야 하는 ↔ kostenfrei 사용료가 없는
entstehen- entstand -hat entstanden	v. 발생하다, 생기다
Projekt	<das, -e> 프로젝트, 꼼꼼한 부분까지 설계해서 긴 기간 시행하는 사업, 대형사업
verbinden	v. etwas mit etwas verbinden 무엇을 무엇과 연결하다

Wortschatz

Maut	<die> Autobahnbenutzungsgebühr, 고속도로 이용요금
Spur	<die,-en> 차선
einspurig	adj. 차선이 하나인
zweispurig	adj. 차선이 두 개인
Autobahnkreuz	<das> 고속도로 교차로, Autobahnklee
Brücke	<die> 교차로의 윗도로
Unterführung	<die> 교차로의 아랫도로
Schutzwand	<die, Schutzwände> 중앙분리대
Autobahnraststätte	<die> 고속도로 휴게소.
Autohof	<der> 고속도로 휴게소
Pannenstreifen	<der> 사고처리를 위한 갓길, der Seitenstreifen 갓길, 노견 路肩

1. Was ist der Grund dafür, dass man heute in Deutschland keine Geschwindigkeitsbegrenzung hat?

2. Was ist der Grund dafür, dass man in Deutschland keine Maut hat?

Landeskunde

Geschwindigkeitsbegrenzung

독일을 제외한 유럽 모든 나라의 고속도로에는 시속 110km–140km 속도제한이 있고, 대부분의 나라에서는 고속도로 이용요금을 받는다. 원칙적으로 독일에는 고속도로에 속도제한이 없을 뿐 만 아니라 이용요금도 내지 않는다.

독일에도 처음에는 고속도로에서 제한된 속도로 달렸다. 그러나 독일식 논리로 보면, 고속으로 달릴 수 있는 도로를 건설하고, 기술적으로 자동차의 속도가 빨라지면서 속도를 제한할 필요가 없게 된 것이다. 물론 임시로 공사를 하는 구간, 지형상 너무 빨리 달릴 때 위험한 구간, 대도시의 외곽을 통과하는 구간에는 속도제한이 있다.

고속도로 이용요금을 받지 않는 것은 또 무슨 이유인가? 그것은 모든 교통참여자가 고속도를 이용함으로 국가경제에 도움을 준다는 이유에서 이다. 마치 학교와 대학교육이 무상교육인 것과 같은 차원이다.

토론: 우리나라 고속도로에 속도제한이 있는 이유는 무엇인가?
　　　우리나라 대학생들이 등록금을 내야 하는 이유는 무엇인가?

3. Mündliche Übung: Erklären Sie folgende Verkehrszeichen.

a. Gefährlich. Hier muss man vorsichtig fahren.

b. Die Straße wird enger.

c. Die Straße ist glatt. Das Auto kann ins Schleudern kommen. Es kann rutschen.

d. Einfahrt verboten. Hier darf man nicht reinfahren.

e. Halteverbot. Hier darf man nicht halten.

f. Vorfahrt.

g. Umleitung. Man muss einen Umweg machen. Die Straße wird repariert.

Dialog 3 Das Wetter

A: Guten Tag, Frau Wind. Wie geht's?

B: Tag, Herr Gutensohn. Mir geht's nicht schlecht. Und Ihnen?

A: Danke, es geht so.
   Es ist schön heute, nicht wahr?

B: Ja, stimmt. Endlich scheint die Sonne.

A: Aber es ist noch April.
   Es kann aber auch bald regnen.

B: Das Wetter kann schlechter werden.
   Man spricht oft vom Aprilwetter.

A: Hoffentlich bleibt es noch ein paar Tage schön.

B: Das hoffe ich auch.

Worterklärung

stimmen	v. 무엇이 옳다, 무엇이 사실이다
endlich	adv. (오래 기다린 후) 드디어
scheinen	v. 햇빛이 비치다, 무엇이 반짝이다
bald	adv. 곧
schlecht	adj. (날씨가) 나쁜
Aprilwetter	\<das\> (변덕스러운) 4월달 날씨
hoffentlich	adv. 희망컨데
hoffen	v. 희망하다

1. Schriftliche Übung: Bilden Sie einen Satz aus zwei Sätzen.

> **Es ist Frühling. Die Bäume blühen.**
> → **Im Frühling blühen die Bäume.**

a. Es ist Sommer. Die Leute baden. ....

b. Es ist Herbst. Die Blätter fallen. ....

c. Es ist Winter. Die Leute fahren Ski. ....

Das Wetter

Die Sonne scheint.

Es regnet. Es schneit. Es blitzt. Es donnert. Es hagelt.

Es ist schön. Es ist schlecht.

Es wird schön. Es wird regnen. Es wird wohl schneien.

Es ist warm. Es ist heiß. Es ist kühl. Es ist kalt.

Es ist schwül. (Es ist heiß und feucht.)

Wie ist der Winter in Norwegen?

Es ist kalt und dunkel. Der Winter dauert 6 Monate.

Wie ist der Winter in Australien?

Es ist warm. Die Temperatur beträgt im Durchschnitt 6 Grad Celsius.

Worterklärung

regnen	v. 비가 오다		kalt	adj. 차가운
schneien	v. 눈이 내리다		schwül	adj. 덥고 습한
donnern	v. 천둥이 치다		feucht	adj. 눅눅한
blitzen	v. 번개가 치다		dunkel	adj. 어두운
hageln	v. 우박이 내리다		dauern	v. 무엇을 하는데 얼마의 시간이 걸린다
warm	adj. 따뜻한		Temperatur	<die> 기온
heiß	adj. 더운		betragen	v. (무엇이) 얼마이다
kühl	adj. 서늘한			

1. Schriftliche Übung: Wie lauten die Fragen?

a. _____ _____ ist es?   – 9 Uhr.

b. _____ _____ Uhr ist es?   – 3 Uhr nachmittags.

c. _____ ist heute?   – Es ist Sonntag.

d. _____ Monat haben wir?   – April. Wir haben April. Es ist April.

e. _____ Jahreszeit ist es?   – Es ist Hochsommer (Frühsommer, Spätsommer).

Wortschatz

Sommer: Die Jahreszeit nach dem Frühling, in der die Tage warm und lang sind.

　　Frühsommer 초여름　　Hochsommer 한여름　　Spätsommer 늦여름

Gotik: ein Stil der europäischen Kunst, besonders der Architektur, von der Mitte des 12. Jahrhunderts bis Ende des 15. Jahrhunderts.

Die Kathedrale Notre-Dame in Paris ist ein Meisterwerk der Gotik.

　　Frühgotik　　　　　Hochgotik　　　　　Spätgotik

Grammatik Gebrauch von „es"

1. "es" als Subjekt

Wie geht es Ihnen, Frau Sander?

– Gut. Und Ihnen?

Wie gefällt es dir, Maria?

– Nicht schlecht.

2. "es" als Objekt

Ich habe es eilig. Es tut mir leid. Ich habe jetzt keine Zeit.
Morgen rufe ich dich an.

Die Kinder hier haben es gut.
Sie haben genug zu essen und trinken.

Die armen Kinder im Elendviertel haben es schwer.
Sie haben nicht genug zu essen und trinken.

Worterklärung

jemandem gefallen	v. 누구의 마음에 들다
außerdem	adv. 그것 이외에도
besonders	adv. 특히, 더군다나
Festung	<die> 성체
Dom	<der> 대성당. 주교성당, Kathedrale, Münster
Kathedrale	<die> 주교가 있는 큰 규모의 성당
Salzbergwerk	<das> 소금광산
Meersalz	<das> 바다소금
Salzburger Festspiele	잘츠부르크 축제극
Mozart-Anhänger	<der> 모차르트 극성 애호가

Dialog 4 In Salzburg

A: Wie gefällt es dir in Salzburg?

B: Wunderbar. Die Stadt ist sehr schön. Außerdem gibt es viele Sehenswürdigkeiten.

A: Das ist gut zu hören. Was gefällt dir besonders gut?

B: Die Festung Hohensalzburg, der Dom und das Schloss Mirabell und und und.

A: Salzburg ist eine sehr alte Stadt. Es war auch eine sehr reiche Stadt.

B: Woher kommt das?

A: Salzburg, der Name der Stadt kommt von Salz. Salz war früher teuer.

B: Woher gewinnt man Salz?

A: Salz kommt von den Bergen. Das ist kein Meersalz. In Bad Reichenhall und in Berchtesgaden sind noch Salzbergwerke. Salzburg ist auch die Stadt, wo Mozart geboren ist.

B: Ach so. Das Mozart-Geburtshaus. Da sind immer viele Touristen.

A: Gerade sind Salzburger Festspiele. Tausende von Mozart-Anhängern kommen hierher.

1. Mündliche Übung: Bilden Sie einen Satz wie im Beispiel.

Salzburg ist die Stadt, wo Mozart geboren ist.

Bonn, Eisenach, Frankfurt am Main, Calw, Nürnberg, Hamburg, Tongyong, Vinci, Eisleben	Martin Luther, Leonardo, Felix Mendelssohn, Isang Yun, Albrecht Dürer, Hermann Hesse, Johann Wolfgang Goethe, Johann Sebastian Bach, Ludwig van Beethoven,

Salzburg

Salzburg는 오스트리아의 네 번째 큰 도시로 인구 약 15만명이 살고 있다. 도시 한가운데로 Salzach강이 흐른다. 이 도시는 AD 488년 로마제국이 지배할 때 생긴 도시이다. 그 후 696년 주교도시, 798년 대주교도시로 발전했다. 지금까지 남아있는 대규모 성체 Festung Hohensalzburg의 중심부는 11세기에 이미 건축되었다. 이 성체는 유럽에서 규모가 가장 큰 성체 중 하나이다.

Salzburg는 경제적인 풍요를 배경으로 각 시대별로 유명한 건축물이 있다. 로마네스크 Romanik, 고딕 Gotik, 르네상스 Renaissance, 바로크 Barock 양식을 비롯하여 고전적 근대 Klassische Moderne 양식의 건축물까지 골고루 갖춰서 건축 박물도시라고 불리기도 한다.

그외에도 Salzburg는 1756년 작곡가 Wolfgang Amadeus Mozart가 태어난 도시이다. 이를 기념하기 위하여 Mozarteum이라는 음악대학을 세웠고, 해마다 축제극Festspiele을 개최하여 세계 최고의 음악인들과 전 세계의 애호가들을 유치하고 있다.

Test zur Selbstkontrolle

(Diktat-und Hörtexte S.285)

 Diktat : Auf Autos kann man nicht verzichten

Neue Wörter :

verzichten, bequem – die Bequemlichkeit, sparen, der Parkplatz, überall, überfüllt, schmutzig – verschmutzen – die Verschmutzung, die Luftverschmutzung, das Abgas

....

....

Schriftlicher Ausdruck

1. Ergänzen Sie die Sätze.

   a. .... du das Schild nicht? (sehen) Hier .... man nicht rauchen.

   b. Rauchen .... Ach so. Hier .... man nicht rauchen.

   c. Frau Kielmeyer .... heute nach Dresden. (fahren) Es ist schon spät. Sie .... sich beeilen. Sonst verpasst sie den Zug.

   d. Wolfgang .... noch. (schlafen)

   e. Lass ihn noch schlafen. Er .... heute ausschlafen. Heute ist Samstag, er muss nicht in den Kindergarten.

   f. .... Monika Spanisch? (sprechen)

   g. Ja, selbstverständlich. Sie .... Deutsch, Spanisch und Französisch.

   h. Du .... gern Fleisch und Kartoffel? (essen)

   i. Ja, ich esse gern Schweinefleisch und Rindfleisch. Kartoffel .... ich auch. (mögen)

2. Mit es oder ohne es?

a. Wie geht _____ dir, Klaus?

b. Mir geht _____ nicht so gut. Ich bin erkältet.

c. In Frankfurt am Main regnete _____ gestern.

d. Morgen wird _____ auch regnen.

e. Frauen haben _____ heute gut, erzählte mir meine Großmutter.

f. Wie war _____ damals, als du jung warst?

g. Wie gefällt _____ dir in München?

h. In München? Mir gefällt _____ ausgezeichnet.

i. Hast du jetzt Zeit?

_____ tut mir leid. Ich habe _____ eilig. Ich habe keine Zeit.

j. Rufst du mich dann morgen an?

Klar. Wenn _____ geht, rufe ich dich morgen früh an.

k. Ist _____ anstrengend, Ski zu fahren?

_____ kommt darauf an, ob du sportlich bist.

l. Man glaubt gar nicht, wie schwer _____ oft ist,
einen Gedanken in die Tat umzusetzen.

Hörverstehen   Der junge Mozart

Hören Sie den folgenden Dialog zweimal und antworten Sie, ob die Sätze richtige Informationen haben.

Fragen zum Text (richtig oder falsch)

a. Wolfgang Amadeus Mozart wurde in Salzburg geboren. (   )

b. Er ist 1765 geboren. (   )

c. Seine Eltern hatten nur zwei Kinder. (   )

d. Sein Vater hat ein Violinbuch geschrieben und wollte damit Geld verdienen. (   )

e. Das Ziel der ersten Konzertreise war Wien. (   )

f. Die große Europatour begann, als Wolfgang 12 Jahre alt war.(   )

g. Die Mozartfamilie reiste nach Wien, wegen des Geldes.(   )

h. Wolfgang machte dreimal eine Italienreise. (   )

i. Der junge Mozart hat in Italien viel gelernt. (   )

j. In Paris ist sein Vater gestorben. (   )

ANHANG

DIKTAT - UND HÖRTEXTE

Kapitel 1

Diktat

Mein Name ist Martin Klaus

Wie ist Ihr Name?

Mein Name ist Martin Klaus.

Also alles Gute in Deutschland.

Danke. Sie auch.

Was kostet das?

Das kostet 4 Euro 20.

Hörverstehen

Hörtext 1: Durchsage auf dem Flughafen

Herr Martin Sander aus Hamburg. Kommen Sie bitte zur Information.

Ich wiederhole, Herr Martin Sander aus Hamburg,

bitte zur Information.

Hörtext 2: Amandus aus dem Libanon

A: Hallo, wie ist Ihr Name`?

B: Ich? Name? Ach so! Amandus, Amandus Mohammed.

   Mein Name ist Amandus Mohammed.

A: Woher kommen Sie, Herr Mohammed?

B: Ich? Woher?

A: Ja, aus welchem Land sind Sie?

B: Aus welchem Land? Libanon, aus Libanon.

A: So, Sie sind aus dem Libanon.

   Herr Amandus Mohamed aus dem Libanon.

   Alles Gute in Deutschland!

B: Danke schön!

Kapitel 2

Diktat

Mein Name ist Kim Boram

Hallo. Mein Name ist Kim Boram. Ich habe eine Wohnung in München. Meine Wohnung ist im zweiten Stock. Das ist ein Mehrfamilienhaus. Da wohnen sechs Familien. Herr Schneider ist Hausmeister.

In der Wohnung habe ich alles; ein Wohnzimmer zum Ausruhen, eine Küche zum Kochen, ein Bett zum Schlafen und eine Toilette.

Die Bäckerei liegt nicht weit von hier, nur fünf Minuten zu Fuß. Ein Supermarkt ist auch nicht weit von zu Haus, drei Stationen mit der U-Bahn.

Hörverstehen

Hörtext : Ich habe ein Zimmer

Natasia kommt aus Moskau. Sie hat jetzt ein Zimmer in München. Das Zimmer ist klein. Sie spricht mit ihrer Freundin Nadin. Nadin kommt aus Afghanistan.

Natasia:	Hallo, Nadin.
Nadin:	Hallo, Natasia. Du hast jetzt eine Wohnung?
Natasia:	Nein, nein. Das ist nur ein Zimmer.
Nadin:	So? Ist das groß genug?
Natasia:	Nein, klein, sehr klein.
Nadin:	Hast du ein Bett zum Schlafen?
Natasia:	Ja, habe ich.
Nadin:	Ein Bad?
Natasia:	Nein. Kein Bad.
Nadin:	Eine Toilette?
Natasia:	Bad und Toilette haben wir gemeinsam.
Nadin:	Hast du eine Küche?
Natasia:	Eine gemeinsame Küche. Die benutzen wir zusammen.
Nadin:	So? Dann ist es nicht schlecht.
Natasia:	Na ja. Das Zimmer ist nicht teuer. Die Miete kostet nur 100 Euro im Monat

Lektion 3

Diktat

Ich bin in Seoul geboren

Mein Name ist Boram KIM. Ich bin 1998 in Seoul geboren. Mein Vater ist Angestellter und meine Mutter Hausfrau. Von 2005 bis 2011 besuchte ich die Momo Volksschule in Seoul. Dann besuchte ich von 2011 bis 2014 die Mimi Mittelschule. Meine Oberschule, die Koko Oberschule, besuchte ich von 2014 bis 2017. Ich hatte Englisch, Koreanisch und Mathematik gern, aber Sport und Kunst nicht gern. Seit 2017 studiere ich an der Kuku Universität in Seoul Fremdsprachen, das heißt Englisch, Französisch und Deutsch. Jetzt besuche ich einen Deutschkurs in München.

Hörverstehen

Hörtext 1: Unfallmeldung

A: Guck mal. Das Auto hat einen Unfall.
B: Was? Einen Unfall? Wir müssen das bei der Polizei melden. Wie ist die Autonummer?
A: M AB 322.
B: (Wählt die Telefonnummer von der Polizei.) Hallo. Ich melde einen Autounfall in der Olympiastraße. Ja... Die Autonummer?
A: M AB...
B: M AB.. Und...
A: 322.
B: 322. Ja, in der Olympiastraße 15. Ja, bitte schön.

Hörtext 2: Wettervorhersage

Wetterbericht: In Bayern wird es morgen den ganzen Tag regnen. Im Rheinland wird es dagegen schön sein. Aber am Nachmittag wird es etwas wolkig.
Im Norden, in Hamburg und Bremen wird es wechselhaft. Am Vormittag scheint die Sonne, um Mittag herum wird es regnen. Spät am Nachmittag wird es kühler, 8 bis 10 Grad.
Wenn Sie ausgehen, brauchen Sie warme Kleidung. Vergessen Sie nicht, einen Regenschirm mitzunehmen. Das war die Wettervorhersage für morgen.

Lektion 4

Diktat

Italien ist ein Land in Südeuropa

Italien ist ein Land in Südeuropa. Das Land ist groß, aber nicht so groß wie Brasilien oder China. Nördlich des Landes liegen die Alpen. Frankreich, die Schweiz, Österreich und Slowenien sind Nachbarländer Italiens.

Italien ist ein Land, in dem die Römer ein Reich gründeten. Von Rom aus eroberten sie fast ganz Europa. Das römische Reich ging zugrunde, als die Germanen kamen. Im Mittelalter erlebte das Land die Blütezeit. Die Italiener sind sehr stolz auf ihre Kultur. Jedes Jahr kommen Millionen von Touristen nach Italien, um die Spuren aus der Antike und die Kirchen und Kunstwerke aus der Renaissance zu sehen.

Hörverstehen

Hörtext 1 : Raten Sie mal, welches Land es ist

Das Land ist in Europa.

Es ist nicht groß, sondern klein.

Es gibt über 3350 Gipfel über 2000 Meter Höhe.

In dem Land leben Italiener, Franzosen, Deutsche und viele andere.

Deshalb sprechen die Menschen verschiedene Sprachen. Als offizielle Sprachen benutzen sie Deutsch, Französisch, Italienisch und Rätoromanisch.

Das Land hat keine Hauptstadt. Aber Bern ist die wichtigste Stadt in der Politik und Wirtschaft.

Hörtext 2 : Raten Sie mal, welches Land es ist

Das Land ist in Asien.

Es ist groß und liegt im Pazifik.

Das Land hat Tausende von großen und kleinen Inseln.

Die Menschen im Land sind meistens katholisch.

Sie sprechen als offizielle Sprache ihre eigene Muttersprache und Englisch.

Das Land wurde 1898 von Spanien und 1946 von den USA unabhängig.

Hörverstehen

Hörtext 3: Ein Gespräch auf der Polizei

Polizei:	Name?
Fremder:	Wie bitte?
Polizei:	Wie heißen Sie?
Fremder:	Müller.
Polizei:	Vorname?
Fremder:	Wie bitte?
Polizei:	Wie heißen Sie mit Vornamen?
Fremder:	Alexander Benetton Christian Dolomiten.
Polizei:	Also, Sie heißen Alexander Benetton Christian Dolomiten Müller. Beruf?
Fremder:	Beruf?
Polizei:	Was machen Sie beruflich?
Fremder:	Nichts.
Polizei:	Sie haben keinen Beruf. Adresse.
Fremder:	Adresse?
Polizei:	Wo wohnen Sie?
Fremder:	Auf der Bank.
Polizei:	Auf der Bank, wo?
Fremder:	Im Park.
Polizei:	Familie?
Fremder:	Was ist denn das?
Polizei:	Haben Sie eine Frau oder Kinder?
Fremder:	Nein. Keine.
Polizei:	Ausweis, Ihren Ausweis bitte.
Fremder:	Ausweis? Das habe ich nicht.
Polizei:	Ich kann Ihnen leider nicht helfen.
Fremder:	Ich brauche auch keine Hilfe von Ihnen.
Polizei:	Wenn Sie einen Ausweis finden, kommen Sie zu mir. Ich kann Ihnen Geld geben.
Fremder:	Nein, danke. Ich brauche kein Geld.

Lektion 5

Diktat

Hast du einen Führerschein?

Wer Auto fahren will, braucht einen Führerschein.

Außerdem muss man beim Fahren auf die Verkehrsschilder achten. Es gibt oft Schilder mit 50, 70 oder 100. 50 bedeutet zum Beispiel, man darf nicht über 50 Kilometer pro Stunde fahren. Überall gibt es Schilder mit Parkverbot. In der Stadt darf man auch nicht überholen. Denn die Straßen sind nicht breit genug. Auf der Autobahn kann man so schnell fahren, wie man will. Auch die Motorrad-Fahrer dürfen da fahren. In Korea ist es anders. Auf der Autobahn in Korea fahren nur Autos, Busse und LKWs.

Hörverstehen

Hörtext 1 : Interview mit einem Studenten aus Äthiopien

A: Hallo, Daniel.
B: Hallo.
A: Ich habe ein paar Fragen an dich. Darf ich dich fragen?
B: Ja, bitte schön.
A: Du kommst aus ….
B: Aus Addis Abeba, aus Äthiopien. Das ist ein Land in Ostafrika, östlich vom Sudan.
A: Du sprichst schon sehr gut Deutsch. Woher kommt das?
B: Meine Eltern sprechen Deutsch. Als Kind habe ich Deutsch als Muttersprache gesprochen.
Natürlich habe ich in der Schule Amharisch gesprochen.
A: Was hast du in Deutschland vor?
B: Ich will hier studieren. Mein Fach ist Physik. Ich habe schon eine Zulassung für die LMU München.
A: Viel Erfolg, Daniel. Vielen Dank für das Interview.
B: Bitte schön.

Hörverstehen

Hörtext 2 : Interview mit einer französischen Schülerin

A: Hallo bonjour, Mademoiselle Marie.

B: Bonjour.

A: Woher kommst du, Marie?

B: Ich komme aus Straßburg.

Das ist eine Stadt an der Grenze.

A: Stimmt. Früher war die Stadt deutsch. Aber heute französisch, gell?

B: Richtig. Wir sprechen alle Französisch als Muttersprache.

Mein Opa und meine Oma sprechen immer noch Deutsch. Aber im Alltag sprechen sie auch Französisch.

A: Warum lernst du Deutsch, Marie?

B: Ich will in Deutschland arbeiten. Ich habe schon eine Ausbildung hinter mir.

A: Darf ich fragen, welche Ausbildung du gemacht hast?

B: Ich bin ausgebildete Mode-Designerin.

A: Dann wünsche ich dir viel Erfolg beim Deutschlernen und bei der Arbeit.

B: Danke für den Glückwunsch.

Lektion 6

Diktat

Norwegisch ist mit Deutsch verwandt

Meine Nachbarin Emma Solberg kommt aus Bergen, Norwegen. Sie sagt, Bergen ist eine wunderschöne Stadt. Ich soll später unbedingt einmal nach Bergen kommen. Ihre Muttersprache ist Norwegisch und sie spricht außerdem Englisch und Schwedisch. Sie lernt noch Deutsch, denn sie will später in Deutschland Sprachen studieren. Für sie sind Deutsch und Englisch relativ leicht zu lernen. Denn sie sind mit Norwegisch verwandt.

Für Türken ist Deutsch eine Fremdsprache, die man nicht leicht lernen kann. Denn Türkisch gehört nicht in die Indo-Germanische Sprachfamilie, sondern in die altaische Sprachfamilie. In der Klasse sitzen drei Kursteilnehmer aus der Türkei. Boram denkt, Koreanisch ist eine ural-altaische Sprache.

Für Türken ist Deutsch ganau so schwer wie für mich.

Hörverstehen

Hörtext 1 : Ein Gespräch mit Juha

A: Hallo, Juha. Du kommst aus Finnland.

B: Ja, ich komme aus Helsinki.

A: Kannst du mir erzählen, wie du Fremdsprachen gelernt hast?

B: Ja, wir haben eine sogenannte Zweisprachen-Politik. Das heißt, die Schüler lernen zwei Sprachen von Anfang an, Finnisch und Swedisch. Dann kommt noch Englisch dazu. Einige Schüler lernen Russisch, denn Russland liegt in der Nähe.

A: Wie sieht es im Unterricht aus?

B: Wir, das sind Lehrerin und alle Schüler, wir sprechen im Unterricht die Zielsprache. Im Englischunterricht sprechen wir alle Englisch, im Swedischunterricht hören und sprechen wir nur Swedisch.

A: Gibt es auch Unterricht am Nachmittag?

B: Nicht für alle. Die meisten Schüler gehen nach dem Unterricht nach Hause. Nur einige bleiben in der Schule und lernen.

Hörverstehen

Hörtext 2 : Fatma erzählt von ihrer Familie

Fatma: Hallo, mein Name ist Fatma. Meine Eltern kommen aus der Türkei und leben hier seit 40 Jahren. Mein Vater arbeitet bei BMW als Automechaniker, meine Mutter ist Hausfrau. Ich bin als erstes Kind in Deutschland geboren und gehe noch in die Schule. Nach der Schule werde ich einen Beruf lernen. Ich möchte gerne Kindergärtnerin werden. Ich mag kleine Kinder sehr.

Mein Vater ist fleißig und arbeitsam, meine Mutter ist gehorsam und verschwiegen. Sie ist aber nicht sauber. Mein Bruder ist faul und sehr langsam. Er lernt nicht fleißig. Wenn er so ist, wird er bestimmt ein einfacher Arbeiter ohne eine richtige Ausbildung.

Lektion 7

Diktat

Eine Stadterkundung

Das Leben in einer großen Stadt ist für einen Ausländer nicht ganz einfach. Man geht immer von zu Haus zum Arbeitsplatz und umgekehrt. Man fährt immer mit der gleichen U-Bahn und mit dem gleichen Bus. Deshalb kennt man nur einen kleinen Teil von der ganzen Stadt. Um die fremde Stadt näher kennen zu lernen, sollte man einiges unternehmen. Eine organisierte Stadterkundung oder eine öffentliche Stadtführung sind nicht schlecht.

Die Kursteilnehmer wollen eine Stadterkundung machen. Sie teilen sich in Kleingruppen auf und jede Gruppe hat ein eigenes Erkundungsprogramm. Nachher berichten die Kleingruppen in der Klasse, was sie gesehen und gemacht haben.

Die Guppe von Boram wird von Frau Hallbauer geführt. Sie zeigt der Gruppe zuerst den Marienplatz im Zentrum, führt sie weiter in die Leopoldstraße, wo die Universität ist. Dann gehen sie weiter in den Englischen Garten. Ihre Stadterkundung endet in einem Bierlokal auf der Münchner Freiheit.

Die zweite Gruppe besichtigt das BMW-Museum und das Olympiadorf, die dritte Gruppe die Fußgängerzone mit dem Karlstor und nachher die alte und neue Pinakotheken und das Lenbachhaus. Nach der Stadterkundung haben die Teilnehmer das Gefühl, dass sie die Stadt besser kennen.

Hörverstehen

Hörtext 1 : Navigationshinweis

A: Fahren Sie los. Nach 300 Metern links halten. Jetzt links halten. Nach 10 Metern links abbiegen.

Einen Kilometer dem Straßenverlauf folgen. Nach zwei hundert Metern rechts halten. Im Kreisverkehr die zweite Ausfahrt nehmen. Jetzt die zweite Ausfahrt nehmen. Fahren Sie bis zur nächsten Kreuzung. Folgen Sie dem Straßenverlauf. Nach zweihundert Metern rechts halten. Jetzt rechts abbiegen. Nach einhundert Metern erreichen Sie Ihr Ziel. Jetzt haben Sie Ihr Ziel erreicht

Hörverstehen

Hörtext 2 : Das Lenbachhaus

Peter: Wir wollten zum Lenbachhaus. Hast du am Samtagvormittag Zeit?

Boram: Selbstverständlich. Was gibt es im Lenbachhaus zu sehen?

Peter: Vieles. Da sind Franz von Lenbach und der blaue Reiter.

Boram: Wer war Franz von Lenbach?

Peter: Er war ein großer Porträt-Maler. Er malte Porträts von prominenten Persönlichkeiten wie zum Beispiel Otto von Bismarck, deutschen Kaisern Wilhelm dem I. und dem II. und Papst Leo dem XIII.

Boram: Was ist der blaue Reiter? Wer war das?

Peter: Das waren Wassily Kandinsky und Franz Marc. Dazu kommen noch August Macke und Paul Klee.

Boram: Wie kommen wir dahin?

Peter: Ganz einfach. Wir treffen uns am Eingang des Hauptbahnhofes, gegen 10 Uhr.

Boram: Alles klar. Dann gehen wir zu Fuß.

Peter: Richtig. Wir brauchen nur 5 Minuten Fußweg zum Lenbachhaus.

Boram: Gut. Bis morgen. Tschüss.

Lektion 8

Diktat

Auf Autos kann man nicht verzichten

Auf Autos kann man nicht verzichten. Ohne Autos geht es nicht. Sie bieten uns Bequemlichkeit, durch Autofahren sparen wir Zeit. Aber wegen Autos haben wir auch nicht wenige Probleme. Das Problem Nummer eins ist das Parken. Es gibt zwar Parkplätze und Parkhäuser überall, aber sie sind fast immer überfüllt. Man muss oft lange hin und her fahren, um einen freien Parkplatz zu finden.

Wenn man nach der Arbeit nach Hause fährt, findet man auch nicht leicht einen Parkplatz.

Das Problem Nummer zwei ist die Luftverschmutzung durch Autos. Die Abgase machen die Luft schmutzig. Schmutzige Luft schadet unserer Gesundheit.

Wer macht sich Gedanken über solche Probleme?

Hörverstehen

Hörtext : Der junge Mozart

A: Wußten Sie schon, dass Mozart in Salzburg geboren ist?

B: Klar. Ich weiß, dass er 1756 geboren ist.

A: Wissen Sie auch, dass auch sein Vater Musiker war?

B: Ja, natürlich. Er war ein Vize-Konzertmeister und hat ein Übungsbuch zum Geigespielen geschrieben.

A: Hier ist die Getreidegasse. Da vorne steht das Mozarthaus. In dem Haus sind Mozart und seine sechs Geschwister geboren.
Davon sind nur zwei überlebt. Maria Anna und Wolfgang.

B: In dem Jahr, als Wolfgang geboren wurde, veröffentlichte sein Vater <Die Violinschule>.

A: Sie wissen mehr als ich. Woher kommt das?

B: Aha. Ich bin ein Mozart-Liebhaber. Daher weiß ich viel von ihm.

Hörverstehen

A: So so. Sein Vater Leopold stellte fest, dass seine Kinder Maria Anna und Wolfgang musikalisch sehr begabt waren.

B: Deshalb wollte Leopold damit Anerkennung bekommen und Geld verdienen.

A: Als Wolfgang sechs Jahre alt war, machte die Familie die erste Konzertreise nach München.

B: Dann nach Wien.

A: Wann war die große Europatour, die dreieinhalb Jahre dauerte?

B: Das war Juni 1763, als Wolfgang 7 Jahre war.

A: War die Familie mit der Reise zufrieden?

B: Naja. Wir wissen nicht, ob die Familie mit der Europareise zufrieden war. Wichtig ist, dass sie wieder verreisten, nach Wien zur Kaiserin Maria Theresia.

A: Wolfgang reiste auch nach Italien.

B: Und zwar drei Mal. Das war eine Studienreise. Da hat er viel gelernt.

A: Der junge Musiker hat viel erlebt, seines Vaters wegen.

B: Sein Vater wollte es. Später 1777 ging er mit seiner Mutter nach Paris, wieder um in Paris Anerkennung zu bekommen.

A: Sicherlich hat er da kein glückliches Leben geführt, nicht wahr?

B: Naja. Er ist so erzogen. In Paris ist seine Mutter gestorben. Er kam allein nach Salzburg zurück.

A: Eine traurige Geschichte.

Der Autor besuchte 1994 Herrn Heinz Griesbach, der Dozent "Nummer eins" im Goethe-Institut war und zu der ersten DaF-Generation gehörte.

Es sprachen Frank Grünert, Tarannom Biandooh, Alexander Cwienk und Iris Brose. 본 교재의 MP3 음성파일은 https://cafe.naver.com/ababelverlag에서 무료로 다운로드 할 수 있다.

한국인을 위한 독일어
Der blaue Planet
BAND I

인 쇄	2020년 1월 15일 초판 1쇄 인쇄
발 행	2020년 1월 20일 초판 1쇄 발행
저 자	양도원
발행자	전기명
발행처	아바벨출판사
	ⓒ 2020 아바벨출판사
	28172 충북 청주시 흥덕구 강내면 다락탑연길 202-39
	TEL 043) 232-0825 MOBILE 010-5291-7770
전자메일	ababelverlag@naver.com
디자인	newhyun7179
출판등록번호	제 2012-100005호 (2012.7.9.)
ISBN	978-89-85949-17-0
	978-89-85949-16-3 (세트)

값 24.000원

ISBN 978-89-85949-17-0
ISBN 978-89-85949-16-3(세트)